D1795141

# プロフェッショナル進化論　目次

## 第一部 「個人シンクタンク」の時代が始まる

編集協力　森川直樹

# 第一部　「個人シンクタンク」の時代が始まる

# 第一話　プロフェッショナルは「個人シンクタンク」へと進化する

最初に、本書の結論を述べておこう。

**これから、すべてのプロフェッショナルは、「個人シンクタンク」へと進化していく。**

すなわち、これまで、世の中で「知の集団」と呼ばれてきた「シンクタンク」という組織。その組織が担ってきた役割を、これからは、一人のプロフェッショナルが担える時代になっていく。

これからは、「知のネットワーク」を活用した一人のプロフェッショナルが、一人で様々な分野の「シンクタンク機能」を発揮し、その「個人シンクタンク」の機能を身につけたプロフェッショナルが、縦横に結びついて活躍する時代になっていく。

それが、本書の結論であり、二五年余り、シンクタンクの世界を歩んできた一人のプロフェッショナルが辿り着いた結論である。

著者は、一九八一年に大学の博士課程を修了した後、エネルギー産業の一翼にある民間企業に入社した。

その企業では、エンジニアリングの仕事に携わり、様々な施設の基本コンセプトを創るという業務に従事した。これは、新たなコンセプトを検討し、提案するという、まさに「シンクタンク的」な業務であった。

そして、その企業では、同時に、新しい施設の法律規制をどうするかという政府の検討作業にも参画し、検討委員会の事務局、委員の双方の立場から「政策シンクタンク」としての仕事にも携わった。

そして、一九八七年からは、米国と欧州に本拠を置くシンクタンク、バテル記念研究所で客員研究員として働き、米国政府の様々なプロジェクトに参画した。この研究所は、ゼロックス、ホログラム、バーコードなどの先端技術の開発で世界的に知られる「技術系シンクタンク」であり、この時代には、「テクノロジー・インキュベーション」（技術開発）に取り組むシンクタンクの世界を体験した。

そして、帰国後の一九九〇年、日本総合研究所の設立の呼びかけに応え、我が国における新たなシンクタンクの創設に参画した。この研究所では、調査や分析を主業務とする従来の「リサーチ・シンクタンク」ではなく、新事業開発や新市場創出をも行う「インキュベーション・シンクタンク」のビジョンを掲げ、一〇年間に異業種企業七〇二社を結集し、二〇のコンソーシアム（異業種連合）を設立し、様々な新事業とベンチャー企業の育成に取り組んだ。

そして、この日本総合研究所で、取締役・創発戦略センター所長を務めた後、二〇〇〇年を機に独立し、新たにシンクタンク・ソフィアバンクを設立した。

このソフィアバンクは、国内外から一五名のパートナーが集まる「ネットワーク・シンクタンク」であり、現在、八〇〇〇名の社会起業家が集まる「社会起業家フォーラム」や、一万二〇〇〇名のメンバーが集まる「未来からの風フォーラム」などを運営している。

さて、これが、著者が二五年余り歩んできたシンクタンクの世界での経験であるが、この経験を通じて辿り着いた結論が、冒頭のビジョンである。

では、なぜ、「個人シンクタンクの時代」というビジョンを抱くようになったのか。

「二つの革命」がやってきたからである。

**一つは、一九九五年に始まった「インターネット革命」。**

**一つは、二〇〇五年に始まった「ウェブ2・0革命」。**

その「二つの革命」によって、世の中における「知の在り方」が、根本から変わったからである。

特に、「ウェブ2・0革命」。

著者は、十数年前に「インターネット革命」（ネット革命）が始まったときから、「この革命は、現在の我々の想像を超えた、凄まじい変革を、企業や市場や社会にもたらす」と予感してきた。そして、その視点から、ビジネスに取り組み、何冊もの本を書いてきた。

しかし、数年前から、この「ネット革命」が「ウェブ2・0革命」へと進化していく姿を見て、その予感は、深い確信に変わった。

いま、グーグルやユーチューブなどの企業の名前とともに、世の中の大きな注目を集めている「ウェブ2・0革命」。その名称は、「ネット革命の第二段階」を意味しているが、それは、「インターネットが、より便利になった」などという次元を、遥かに超えている。

この革命が、これから企業や市場や社会にもたらす「変化」と「変革」は、現在の我々の「常識」を、根本から覆していくものになるだろう。

そのことは、この革命が起こった翌年、二〇〇六年に、『**これから何が起こるのか「ウェブ2・0革命」が、資本主義のすべてを変えていく**』(PHP研究所)という著書として上梓し、これから世の中に起こる「七五の変化」について述べたが、紙数の制約で、この本に書かなかったもう一つの大きな変化が、本書の冒頭に述べたビジョンである。

**これから、すべてのプロフェッショナルが「シンクタンク機能」を持てるようになる。**
**その結果、すべてのプロフェッショナルは、「個人シンクタンク」へと進化していく。**

しかし、こう述べると、多くの読者は、こう感じるかもしれない。

「知の集団」や「シンクタンク機能」など、自分の仕事には、あまり関係がない。

しかし、そうではない。

**「シンクタンク機能」とは、実は、いま多くのビジネスパーソンやプロフェッショナルが、日々の仕事において求められている、大切な役割なのである。**

例えば、いま、ある業界の中堅企業で働いている営業課長がいる。

この課長は、ただ、毎年の売上げノルマをこなし、営業成績を上げていけば良いわけではない。

いまや、どの業界でも、大きな変革の波に襲われている時代。仮に、いま営業成績が上がっていても、何年か先には、業界の構造も、市場の環境も大きく変わっていく。

では、そのときに、どうするのか。

いまから準備をしておかなければ、その大変革がやってきてからでは、遅い。

そうであるならば、この営業課長がやるべきことは明確である。

**自分の業界で「これから何が起こるのか」の未来を予見し、**
**自分の企業が「これから何をめざすのか」のビジョンを描き、**
**自分の部署が「これから何を為すべきか」のコンセプトを語る。**

この営業課長には、そのことが求められる。
具体的には、次の「七つの役割」が求められる。

まず、第一に、様々な書籍、雑誌、資料の情報に目を通し、有識者の専門的な意見を学び、この業界の動向についての「情報や知識」を集めなければならない。

第二に、社内外のキーパーソンに集まってもらい、その様々な声に耳を傾け、智恵を借り、互いの意見交換や議論を通じて、「業界や市場の将来」についての新たな知見を得る。

第三に、それらの情報、知識、智恵を分析、統合、洞察することによって、業界の構造変化や市場の環境変化など、その業界で「これから何が起こるのか」を予見する。

第四に、その予見にもとづき、その変化の中で、当社は、業界の中でどのようなポジションを狙っていくのかなど、「これから何をめざすのか」のビジョンを提示する。

第五に、そのビジョンにもとづき、今後、当社が取るべき市場戦略や、開発すべき商品を明確にし、「これから何を為すべきか」のコンセプトを提案する。

第六に、その「未来予見」や「ビジョン」や「コンセプト」を、社内で、経営幹部や同僚、部下に伝えていく。

そして、第七に、その情報共有や提案活動を通じて、その企業において、「現状変革のための動き」を創り出していかなければならない。

実は、これが「シンクタンク機能」と呼ばれるものなのである。

言葉を換えるならば、「シンクタンク機能」とは、この営業課長に求められる「七つの役割」を遂行する、次の「七つのシンクタンク力」のことに他ならない。

第一　必要な情報や知識を集め、分析・統合する力　「インテリジェンス力」
第二　人々の智恵を集め、新たな智恵を生み出す力　「コミュニティ力」
第三　これから何が起こるのかの未来を予見する力　「フォーサイト力」
第四　これから何をめざすのかのビジョンを提示する力　「ビジョン力」
第五　これから何を為すべきかのコンセプトを提案する力　「コンセプト力」
第六　未来予見、ビジョン、コンセプトを広く伝える力　「メッセージ力」
第七　ビジョンとコンセプトにより変革の動きを生み出す力　「ムーブメント力」

そして、この「七つのシンクタンク力」は、本来、業界を問わず、企業を問わず、部署を問わず、すべてのビジネスパーソンとプロフェッショナルに求められるものなのである。

例えば、昔から、ビジネスの世界で「情報通」という誉め言葉があるが、そう評される人物は、まさに第一の「インテリジェンス力」を持っている。

また、企業内では、ときおり「会議の達人」と呼ばれるマネジャーがいるが、このマネジャーは、必要な人間を集め、その人間の集まり（コミュニティ）から新たな智恵を生み出す「技」を持っている。これは、第二の「コミュニティ力」と呼ぶべき力である。

そして、優れたプロフェッショナルは、しばしば、「あの人は先が見えている」と周囲から評される。これが、第三の「フォーサイト力」。

では、優れた「リーダー」とは何か。その一つの重要な資質が、組織がめざすべきものを魅力的なビジョンとしてメンバーに語る力。これが、第四の「ビジョン力」である。

一方、優れた「企画スタッフ」は、言うまでもなく、商品開発から企業戦略まで、様々なコンセプトを生み出す卓抜なセンスを持っている。それが、第五の「コンセプト力」。

また、上司から「あいつの話は、聴くに値する」と言わせるビジネスパーソン。この部下は、こうしたビジョンやコンセプトを魅力的に提案し、語れる人間でもある。これが、第六の「メッセージ力」。

## 第二話　なぜ、個人でも「シンクタンク力」を身につけることができるのか

では、なぜ、個人でも「シンクタンク力」を身につけることができるのか。

その理由は、いま、述べた。

一九九五年に始まった「インターネット革命」。
二〇〇五年に始まった「ウェブ２・０革命」。

その「二つの革命」が、世の中の「知の在り方」を、大きく変えたからだ。

では、この「二つの革命」は、世の中の、何を変えたのか。
まず、そのことを語ろう。

そのことを理解すれば、著者が、「一人のプロフェッショナルでも、七つのシンクタンク力を身につけることができる」と述べる意味が、理解していただけるだろう。

しかし、紙数も限られている。

ここでは、本質的な変革だけを、手短に述べておこう。

そして、それらの変革が、「プロフェッショナルの能力」をいかに拡大したか、それが「シンクタンク力」というものに、どのような影響を与えたかを語っておこう。

最初に、「ネット革命」。

これは、いわば「ウェブ1・0革命」とでも呼ぶべき革命であるが、この革命の本質は、実は、次の「三つの革命」であった。

**第一　「情報バリアフリー革命」**
**第二　「草の根メディア革命」**
**第三　「ナレッジ共有革命」**

**では、第一の「情報バリアフリー革命」とは、いかなる革命か。**

これは、読んで字のごとく「情報バリア」が打ち壊された革命。この革命の結果、誰でも手間や時間やコストをかけずに、自由に情報を入手できるようになった。

すなわち、これまでは、法律的、制度的には公開されていても、「手間や時間やコストがかかる」という意味で「情報バリア」が存在していたため、現実には入手が難しかった情報が無数にあった。しかし、ネット革命によって、この「情報バリア」が打ち壊された。そのため、誰でも自由に情報を得られるようになり、例えば、議会の議事録や過去の新聞記事、学会での最新の論文など、欲しい情報が自由に手に入れられるようになった。

**では、この「情報バリアフリー革命」によって、プロフェッショナルの能力は、どう拡大したのか。**

この革命によって、プロフェッショナルにとっては、「インターネット」というものが個人の「**データ・ベース**」や「**ナレッジ・ベース**」になった。ネットとパソコンさえあれば、手軽に、素早く、安いコストで、欲しい情報や知識を手に入れられるようになった。

そして、そのことによって、一人のプロフェッショナルでも、容易に「**インテリジェンス力**」を身につけられるようになった。

また、その使い方によっては、この「インターネット」というものを、単なる「データ・ベース」や「ナレッジ・ベース」にするのではなく、新たなアイデアやビジョン、コンセプトを生み出す、「**コンセプト・ベース**」にすることもできるようになった。

そして、この「コンセプト・ベース」として使うことによって、「**フォーサイト力**」や「**ビジョン力**」「**コンセプト力**」を身につけることもできるようになった。

ここで「データ・ベース」や「ナレッジ・ベース」などと述べると、いまや、当たり前のことを述べていると思われるだろうが、「ネット革命」以前は、ある情報や知識を手に入れるためには、時間をかけて国会図書館に行き、コストをかけて膨大なコピーを入手するか、高いコストの企業データ・ベースや新聞データ・ベース、文献データ・ベースなどを契約して使わなければならなかった。すなわち、こうした「インテリジェンス力」さえ、個人で身につけることはできなかったのである。

**次に、第二の「草の根メディア革命」。これは、いかなる革命か。**

これも読んで字のごとく、「草の根の人々」が「メディア」を持つことができるようになった革命。この革命の結果、誰でも手間や時間やコストをかけずに、自由に情報を発信できるようになった。

すなわち、ネット革命によって、誰でも容易に、個人サイトやブログを開設し、メールマガジンを発行することができるようになった。そして、それらの「草の根メディア」によって、誰でも自由に、自分の声や意見を世の中に伝えることができるようになった。

**では、この「草の根メディア革命」によって、プロフェッショナルの能力は、どう拡大したのか。**

この革命によって、プロフェッショナルにとっては、「インターネット」というものが新聞や雑誌、書籍に代わる、「**パーソナル・メディア**」になった。ネットとパソコンさえあれば、手軽に、迅速に、コストをかけず、世の中に対して自分の意見や主張を自由に伝えることができるようになった。そして、そのことによって、一人のプロフェッショナルでも、「**メッセージ力**」を容易に身につけられるようになった。

これも、いまや当たり前のことを述べているようだが、「ネット革命」以前には、自分の意見や主張を世の中に伝えたいと思っても、その手段としては、新聞や雑誌、書籍、もしくはテレビやラジオなどの「マスメディア」しか存在せず、マスメディアは、基本的に、「三つの有」、すなわち、「有識者」「有名人」「有力者」の意見しか載せない傾向があった。従って、こうした「メッセージ力」も、無名の個人が身につけることはできなかったのである。

**第三は、「ナレッジ共有革命」。これは、いかなる革命か。**

これも文字通り、世の中で「高度な知識」（ナレッジ）が共有されるようになった革命。この革命の結果、定形化された数値や文字などの単なる「データ」のレベルの情報ではなく、専門的な知識や最先端の知識などの「ナレッジ」のレベルの情報まで、自由に共有できるようになった。

いまでは、学者や医者、弁護士や会計士を始め、多くの専門家が自分のホームページを開いて、その専門知識をネットで公開しており、また、新聞社も、過去の記事をネットに公開している。また、様々な分野の専門知識を整理した辞書や事典などもネットで自由に見ることができるようになった。

**では、この「ナレッジ共有革命」によって、プロフェッショナルの能力は、どう拡大したのか。**

この革命によって、一人のプロフェッショナルでも、様々な分野の専門家の知識や智恵を学び、自分の専門分野における知識や智恵を公開し、自分の「**プロフェッショナル・フィールド**」を明確にして活動することができるようになった。

しかし、それまでは、大学や研究機関、専門機関に所属し、多くの専門家が集まる学会や組織に参加しなければ、他の専門家の知識や智恵を学び、自分の知識や智恵を公開する機会はなかったのである。

さて、これが、一九九五年に始まった「ネット革命」の三つの革命、「情報バリアフリー革命」「草の根メディア革命」「ナレッジ共有革命」によって拡大したプロフェッショナルの能力であるが、実は、「プロフェッショナル進化論」として見るならば、この「ネット革命」は、まだ単なる「序曲」に過ぎなかった。

なぜなら、二〇〇五年に始まった「ウェブ2・0革命」は、このプロフェッショナルの能力を、さらに、圧倒的に拡大したからである。

**では、「ウェブ2・0革命」によって、プロフェッショナルの能力が、いかに拡大したのか。それが「シンクタンク力」に、どのような影響を与えたのか。**

次に、そのことを話そう。

まず、この「ウェブ2・0革命」とは、「ネット革命」が進化したものであるが、その進化とは、いかなる進化なのか。

次の「三つの進化」である。

**第一の進化　「情報バリアフリー革命」から「衆知創発革命」への進化**
**第二の進化　「草の根メディア革命」から「主客融合革命」への進化**
**第三の進化　「ナレッジ共有革命」から「感性共有革命」への進化**

では、この「三つの進化」とは何か。
その進化によって、プロフェッショナルの能力に、何が起こったのか。
それぞれ、手短に述べよう。

**まず、第一の「情報バリアフリー革命」から「衆知創発革命」への進化とは何か。**

この「衆知創発」の「衆知」とは、「衆知を集める」の「衆知」。「創発」とは「自然に生まれてくる」という意味。すなわち、この革命によって、誰でも、多くの人々の智恵を集め、新たな智恵を生み出すことができるようになった。

例えば、いま、ネットの「Q＆Aサイト」においては、誰かが質問をすると、多くの人々が無償で知識や智恵を提供してくれる。書籍や映画にもなった「電車男」は、ネットの「掲示板」において、この「衆知創発」が起こった事例ともいえるが、このように、いま、ネットの世界の「ナレッジ・コミュニティ」においては、多くの人々の智恵が集まり、新たな智恵が生まれている。

すなわち、「情報バリアフリー革命」においては、「すでに世の中に在る情報や知識」が自由に入手できるようになったのに対して、この「衆知創発革命」においては、「まだ世の中に無い知識や智恵」も手に入れることができるようになったのである。

**では、この「衆知創発革命」によって、プロフェッショナルの能力は、どう拡大したのか。**

この「衆知創発革命」によって、一人のプロフェッショナルでも、多くの人々の智恵を集め、新たな智恵を生み出せるようになった。具体的には、自分が主宰する「コミュニティ」や、メンバーとして参加する「コミュニティ」において、他のメンバーが特定のテーマについて交し合う意見に深く耳を傾け、また、他のメンバーに積極的に様々な質問を投げかけることによって、そのコミュニティに参加する多くの人々を、自分の「アドバイザリー」(智恵の提供者)として活かすことができるようになった。

すなわち、このことによって、一人のプロフェッショナルでも、多くの人々の智恵を借りる「**コミュニティ力**」を身につけることができるようになったのである。

**では、第二の「草の根メディア革命」から「主客融合革命」への進化とは何か。**

この「主客融合」とは、これまでの「情報発信者」(主)と「情報受信者」(客)の区別が無くなり、その二つが融合していくこと。

例えば、アマゾンの書評欄は、アマゾンのスタッフや書評の専門家が書いたものではなく、アマゾンのユーザーであり、読者の立場の人々が書いたものである。すなわち、本来、「情報受信者」であった読者が、書評を書くという「情報発信者」にもなっている。

そして、こうした「主客融合」は、書籍購入サイトだけでなく、価格比較サイトや旅行案内サイトなど、あらゆるところで起こっている。

では、その結果、何が起こったか。

**容易に「ムーブメント」（共鳴行動）が起こるようになった。**

誰か一人の「情報発信」が、他の人々の共感を呼ぶならば、それが次々と「情報発信」と「情報受信」の連鎖を呼び、世の中での「共感現象」を引き起こし、大きな「ムーブメント」（共鳴行動）を引き起こす。

すなわち、「草の根メディア革命」においては、ただ、「誰でも、自由に情報発信ができる」という段階であったのに対して、「主客融合革命」においては、「一人の個人でも、大きなムーブメントを起こすことができる」ようになったのである。

**では、この「主客融合革命」によって、プロフェッショナルの能力は、どう拡大したのか。**

この「主客融合革命」によって、プロフェッショナルは、ただ世の中に自分の意見や主張を伝えるだけでなく、世の中に大きな「ムーブメント」（運動）を起こすことができるようになった。「**ムーブメント力**」である。

具体的には、世の中で様々な「アクション」（行動）を取っているメンバーが数多く参加するコミュニティを創り出すことによって、一人のプロフェッショナルでも、世の中に変革をもたらす大きな動きを生み出すことができるようになったのである。

**それでは、第三の「ナレッジ共有革命」から「感性共有革命」への進化とは何か。**

「ネット革命」は、その「ナレッジ共有革命」によって、「文字」や「文章」で表せる「高度な知識」（ナレッジ）を世の中の多くの人々が共有できるようにしたが、この「ウェブ2・0革命」は、単なる「文字」や「文章」の情報だけでなく、「写真」や「映像」、「音楽」や「音声」などの情報も自由に伝達、共有できるようにした。そして、そのことによって、言葉で表せない「感動」や「感情」、「感覚」や「感性」なども、自由に伝達、共有できるようにした。

例えば、いま注目されている草の根動画投稿サイト、「ユーチューブ」などでは、自分の飼っているペットの動画を投稿し、その「可愛らしさ」を多くの人々に共有している。また、「九月一一日の同時多発テロ」の映像を投稿し、あのときの言葉にならない思いを伝える人々もいる。

**では、この「感性共有革命」によって、プロフェッショナルの能力は、どう拡大したのか。**

この「感性共有革命」によって、プロフェッショナルは、単に世の中に専門的な知識や最先端の知識などの「ナレッジ」を伝えるだけでなく、世の中に「感動」や「感情」、「感覚」や「感性」などを伝えることができるようになった。そして、その結果、世の中に、言葉にならない「職業的な智恵」も伝えることができるようになり、さらには、自分自身の全人的な「**パーソナリティ**」も伝えることができるようになった。

さて、これが、「ウェブ2・0革命」の三つの革命、「衆知創発革命」「主客融合革命」「感性共有革命」によって拡大したプロフェッショナルの能力である。

これが、いま、現実に起こっていることである。

「ネット革命」と「ウェブ2・0革命」によって、プロフェッショナルの能力は、これまでの常識では想像できないほど、大きく拡大した。

そして、その結果、これからの時代には、一人のプロフェッショナルでも「七つのシンクタンク力」を身につけることができるようになり、プロフェッショナルは、「個人シンクタンク」へと進化していく。

では、どうすれば、プロフェッショナルは、これらの「七つのシンクタンク力」を身につけ、磨いていくことができるのか。そのことを通じて、「個人シンクタンク」へと進化していくことができるのか。

次に、そのことを述べよう。

しかし、その前に、もう一つ。

その話をする前に、もう一つ、述べておかなければならないことがある。

**本書のタイトルは、『プロフェッショナル進化論』。**

されば、次の話に移る前に、読者のこの問いに、答えておかなければならない。

**なぜ、プロフェッショナルは「進化」するのか。**

**その「進化」は、何に向かっていくのか。**

第二部に進む前に、そのことを述べよう。

# 第三話　なぜ、プロフェッショナルは「進化」するのか

そもそも、なぜ、プロフェッショナルは「進化」するのか。
なぜ、プロフェッショナルは、新たな能力を身につけ、「進化」していくのか。

そのことを考えていただくために、読者に、次の質問をしたい。

**これからの「知識社会」（ナレッジ・ソサエティ）において「活躍する人材」とは何か。**

この問いに対して、多くの読者は「知識労働者」（ナレッジ・ワーカー）と答えるのではないだろうか。「高度な専門知識」を身につけた労働者という人材像である。

しかし、待っていただきたい。

もう一度、質問を読んでいただきたい。

質問には「活躍する人材」と書かせていただいた。「求められる人材」とは書いてない。

**そして、我々がこれからの「キャリア戦略」を考えるとき、「活躍する人材」と「求められる人材」、この二つの人材を区別して考えることが、極めて重要である。**

我々は、しばしば、この二つの言葉を混同して使ってしまうが、実は、この二つの言葉は、まったく違う意味の言葉である。

「求められる人材」とは、文字通り、「人材市場において、ニーズがある人材」のこと。

これに対して、「活躍する人材」とは、「職場や仕事において、リーダーシップを発揮する人材」のことである。

そして、この定義に従うならば、これからの「知識社会」において、「知識労働者」は、「求められる人材」にはなれても、「活躍する人材」になることは保証されていない。

それは、なぜか。

**「知識社会の逆説」があるからである。**

それは、どのような「逆説」か。

**「知識社会」とは、「知識」が価値を失っていく社会である。**

こう聞いて驚かれる読者がいるかもしれない。

なぜなら、多くの人々は、「知識社会」とは、「知識が価値を持つ社会」であると考えているからだ。

しかし、実は、「知識社会」とは「知識が価値を失っていく社会」。それが真実ではないだろうか。

その理由は、ただ一つ。

情報革命が進み、ネット革命が起こった結果、「言葉で表せる知識」の共有が進み、誰でも簡単に「専門的な知識」や「最先端の知識」を手に入れることができるようになったからだ。

例えば、ネット革命の結果、何が起こったか。

ウェブサイトには、大学や研究機関の専門的な知識が公開され、誰でも入手できる。そして、海外の最新の動向や、先端技術の動向など、最先端の知識も、すぐに入手できる。また、「Eラーニング」が普及し、学校や教育機関に行かなくとも、誰でも専門知識を学び、専門資格を取ることができる。

さらに、「Q＆Aコミュニティ」に行くと、専門的な質問や最新情報に関する質問にも、かならず誰かが、無償で親切に答えてくれる。

そして、ウェブサイトには、無数の辞書や事典、新聞や雑誌が公開されており、携帯電話や携帯情報端末でも、手軽に欲しい知識が入手できる。

このようにネット革命の結果、「専門的な知識」や「最先端の知識」といった「言葉で表せる知識」は、誰でも簡単に入手できるようになり、「知識」を持っていることそのものは、相対的に大きな価値を持たなくなった。

では、何が価値を持つようになったのか。

「言葉で表せない智恵」である。

例えば、スキルやセンス、テクニックやノウハウと呼ばれる能力。こうした能力は、書籍や文献を読んだだけでは身につかず、永年の経験を通じてしか身につかない。

そのため、「言葉で表せる知識」が価値を失っていくに従って、相対的に、こうした「言葉で表せない智恵」が価値を持つようになっていく。言葉を換えれば、『専門的な知識」ではなく、「職業的な智恵」と呼ぶべきものが価値を持つようになっていく。

そして、それが、先ほどの「逆説」を述べた理由である。

**知識社会においては、「専門的な知識」だけを身につけた「知識労働者」(ナレッジ・ワーカー)は、「求められる人材」にはなれても、「活躍する人材」になることは保証されていない。**

では、この知識社会で「活躍する人材」となるのは、どのような人材か。

**永年の経験を通じて「職業的な智恵」を身につけた「プロフェッショナル」である。**

では、これは、何が起ころうとしているのか。

**歴史が繰り返そうとしている。**

「知識社会」以前の「二つの社会」で起こったことが、また、起ころうとしている。

それは何か。

**「活躍する人材」から「求められる人材」への移行である。**

振り返ってみよう。

かつて「工業社会」では何が起こったか。

この社会においては、大量の工場労働が発生したため、「工場労働者」（ブルーカラー）が求められる人材であった。しかし、企業において活躍したのは、「ホワイトカラー」と呼ばれた「事務労働者」であった。

しかし、「工業社会」が「情報社会」に移行すると何が起こったか。

この社会では、情報処理という事務労働が中心となったため、「事務労働者」は「求められる人材」になった。代わって「活躍する人材」となったのは、高度な専門知識を身につけた「知識労働者」であった。

そして、この「情報社会」が「知識社会」へと移行することによって、歴史はふたたび繰り返された。

それまで「活躍する人材」であった「知識労働者」（ナレッジ・ワーカー）が「求められる人材」になり、代わって「プロフェッショナル」が「活躍する人材」になったのである。

これが、著者が、これまで二つの著作、『知的プロフェッショナルへの戦略』（講談社二〇〇二年）と『これから知識社会で何が起こるのか』（東洋経済新報社　二〇〇三年）において語ってきた「人材の進化論」である。

そして、実は、この二冊を上梓したことで、当面、「人材進化論」を書く必要は無いと考えていた。

　そのことは、書店の店頭を見れば、明らかであろう。

　いま、書店の店頭に花盛りなのは「プロフェッショナル論」である。

　書籍にも、雑誌にも「プロフェッショナルとは何か」「いかにしてプロフェッショナルになるか」「活躍するプロフェッショナルの条件とは何か」。そうしたメッセージが溢れている。

　では、しばらく前の書店の店頭は、どうであったか。

　思い起こしていただきたい。

　「知識の勉強法」に関する書籍や雑誌が花盛りではなかったか。

　店頭には、「大人の勉強法」「四〇歳からの勉強法」などの本が並び、雑誌では「○○の勉強法」「□□の学び方」といった特集が溢れていた。

そして、「いかにして効率的に専門知識を学ぶか」「いかにして要領良く専門資格を取るか」というメッセージが溢れていた。

それは、まさに、「いかにして知識労働者になるか」というメッセージであり、「ナレッジ・ワーカー論」花盛りの時代であった。


それが、いま、「プロフェッショナル論」の時代を迎えている。


では、その先には、何がやってくるのか。

まだ、しばらく「プロフェッショナル論」の時代が続くだろう。しかし、その内容は、単なる「スキル論」「テクニック論」を超え、深まっていく。

そのことも、書店の店頭に象徴的に表れている。


しばらく前には、「スキル論」や「テクニック論」が花盛りだった。書籍のタイトルや雑誌の特集テーマは、多くが「○○のスキル」「□□のテクニック」であった。

それが、どう変わったか。

最近、書籍のタイトルや雑誌の特集テーマで使われるようになった言葉は、「○○力」という言葉である。例えば、「会議力」「対話力」「交渉力」など。

では、なぜ、「スキル論」が消え、「○○力」になったのか。
その理由も明確である。

**プロフェッショナルの持つ「職業的な智恵」とは、単に、スキルやセンス、テクニックやノウハウといった「技術」ではないからである。**

では、「職業的な智恵」とは何か。

**「技術」＋「心得」である。**

すなわち、優れたプロフェッショナルは、高度な「技術」を身につけているだけでなく、深い「心得」を身につけている。

この「心得」とは、言い換えれば、「心構え」や「心の姿勢」、「心の置き所」といったものであり、英語で言えば、「マインド」や「ハート」、「スピリット」や「パーソナリティ」と呼ばれるものである。

そして、この高度な「技術」と深い「心得」が結びついたものが、プロフェッショナルの「職業的な智恵」であり、まさに「○○力」と呼ばれるものなのである。

実は、そのことを世の中に伝えたいと思い、著者は、二〇〇四年に『企画力』『営業力』という著作をダイヤモンド社から上梓した。これらは、いずれも、永年のシンクタンクの経験にもとづき、「企画プロフェッショナル」と「営業プロフェッショナル」に求められる「技術」と「心得」を語ったものであるが、プロフェッショナルの「力量」とは、決して「技術」だけではないということを述べたかったからである。

いずれにしても、その方向に、「プロフェッショナル論」は、いましばらく、深まっていくだろう。単なる「技術論」から「心得論」へと、深まっていくだろう。

しかし、いずれ、この「プロフェッショナル論」は、多くの人々が共通に認識するものとなり、かつて多くの人々が「ナレッジ・ワーカー」をめざしたように、多くの人々が「プロフェッショナル」をめざすようになる。

そして、その結果、「職業的な智恵」を身につけた「プロフェッショナル」をめざすことそのものは、「当たり前」のことになっていくだろう。

では、その先において、何が起こるのか。

その先において、「プロフェッショナル」の「能力」は、いかなる方向に進化していくのか。

紙数も限られている。

その進化の方向を、ここでは「五つの進化」として、著者の洞察を述べておこう。

### 第一の進化　「言語知」から「暗黙知」へ

これからの時代のプロフェッショナルには、単に「言葉で表せる知識」（言語知）を伝える能力だけでなく、「言葉で表せない智恵」（暗黙知）を伝える能力が求められるようになっていく。

実は、この進化の前兆が、「専門的な知識」を身につけた「ナレッジ・ワーカー」から「職業的な智恵」を身につけた「プロフェッショナル」への進化である。この進化によって、「暗黙知」を身につけたプロフェッショナルが活躍するようになったが、これからは、単に「暗黙知」を身につけているだけでなく、その「暗黙知」を他者に伝える能力を身につけたプロフェッショナルが活躍するようになっていくだろう。

**第二の進化　「分析知」から「統合知」へ**

これからの時代のプロフェッショナルには、「専門的な分野の知識と智恵を発揮する」能力だけでなく、「異分野の知識と智恵を統合する」能力が求められるようになっていく。

これは、いわゆる、「学際の知」や「業際の知」と呼ばれるものであり、これからの時代には、こうした「インテグレーション」「クロスオーバー」「フュージョン」といった能力を身につけたプロフェッショナルが活躍するようになっていくだろう。

### 第三の進化　「個人知」から「集合知」へ

これからの時代のプロフェッショナルには、「個人の持つ知識や智恵」を有効に活用する能力だけでなく、「集団の持つ知識や智恵」を活用する能力が求められるようになっていく。

具体的には、世の中の「様々な分野の有識者の智恵」を集めるだけでなく、「多くの草の根の人々の智恵」を集め、活用する能力を身につけたプロフェッショナルが活躍するようになっていくだろう。

### 第四の進化　「管理知」から「創発知」へ

これからの時代のプロフェッショナルには、「すでに世の中に存在する知識や智恵を管理する」能力だけでなく、「まだ世の中に存在しない知識や智恵を創造する」能力が求められるようになっていく。

具体的には、「様々な分野の有識者」や「多くの草の根の人々」が集まる場から、「新たな智恵」を生み出していく能力、人々の中での「知の創発」を促す能力を身につけたプロフェッショナルが活躍するようになっていくだろう。

## 第五の進化　「理論知」から「行動知」へ

これからの時代のプロフェッショナルには、「知識や智恵を理論として語る」能力だけでなく、「その知識や智恵を使って行動を生み出す」能力が求められるようになっていく。

すなわち、この世の中を変革する「理論」（セオリー）や「方法」（メソッド）を語るだけでなく、実際に、この世の中を変える「行動」（アクション）や「運動」（ムーブメント）を起こす能力を身につけたプロフェッショナルが活躍するようになっていくだろう。

これらが、「プロフェッショナル」に求められる「能力」の進化。

その「五つの進化」の方向である。

このように、これからの時代には、プロフェッショナルに求められる「能力」が、ますます高度になり、進化していく。

そして、本書で述べる「七つのシンクタンク力」とは、まさに、その「五つの進化」の方向に沿った「新たな能力」「より高度な能力」に他ならない。

では、プロフェッショナルは、「ネット革命」と「ウェブ2・0革命」を追い風として、具体的に、どうすれば「七つのシンクタンク力」を身につけることができるのか。

どうすれば「個人シンクタンク」へと進化していくことができるのか。

いよいよ、これから、そのことを語ろう。

そのことを、ネット革命の三つの革命、「情報バリアフリー革命」「草の根メディア革命」「ナレッジ共有革命」と、ウェブ2・0革命の三つの革命、「衆知創発革命」「主客融合革命」「感性共有革命」に沿って、これら「六つの革命」に対する次の「六つの戦略」として述べていこう。

第一「情報バリアフリー革命」を追い風とした「コンセプト・ベース」の戦略
第二「草の根メディア革命」を追い風とした「パーソナル・メディア」の戦略
第三「ナレッジ共有革命」を追い風とした「プロフェッショナル・フィールド」の戦略
第四「衆知創発革命」を追い風とした「アドバイザリー・コミュニティ」の戦略
第五「主客融合革命」を追い風とした「ムーブメント・プロジェクト」の戦略
第六「感性共有革命」を追い風とした「パーソナリティ・メッセージ」の戦略

もし読者が、この「六つの戦略」を実践されるならば、自然に、ここで述べた「七つのシンクタンク力」を身につけ、磨いていくことになるだろう。

そして、もし、企業や組織に勤める読者が、この六つの戦略を「社会」に対して実践するだけでなく、「社内」に対して実践するならば、まもなく、日々の仕事のスタイルが変わってくるだろう。そして、近い将来、社内で「個人シンクタンク」として活動している自分に気がつくだろう。

すなわち、次に述べる「六つの戦略」は、「社会」に対する活動として述べているが、その活動を、「社内」に対する活動として「翻訳」しながら、読んでいただきたい。

いま、「ウェブ2・0革命」によって急速に広がり始めている「社内SNS」や「社内ブログ」。それは、いずれ、「社内」と「社会」の区別さえ、消していく。

そして、この革命は、まだ、その「序曲」を終えたばかり。

**その先を見据え、プロフェッショナルとしての「進化」をめざしていただきたい。**

お待たせした。

それでは、次の第二部において、この「六つの戦略」を、詳しく話そう。

# 第二部　「個人シンクタンク」への進化　六つの戦略

# 第二話　「コンセプト・ベース」の戦略

## インターネットを自分の「知的創造の場」にする

さて、まず、「ネット革命」を追い風とした「個人シンクタンク」への進化の戦略から語ろう。

**最初が、「ネット革命」の第一の革命、「情報バリアフリー革命」。**

この革命の結果、インターネットを使って、誰でも自由に、欲しい情報を入手できるようになった。

では、それは何を意味しているか。

**インターネットが、誰にとっても、自分の「ナレッジ・ベース」（知識の宝庫）になる。**

そのことを意味している。

しかし、プロフェッショナルが「個人シンクタンク」へと進化するためには、インターネットを、単なる「ナレッジ・ベース」として使いこなすだけでは不十分。

実は、それは、単なる「ナレッジ」（知識）だけでなく、「ノウハウ」（智恵）を手に入れる「ノウハウ・ベース」にもなれば、新たなアイデアやビジョンやコンセプトが生まれてくる「コンセプト・ベース」にもなる。

では、どうすれば、インターネットを、「ナレッジ・ベース」や「ノウハウ・ベース」「コンセプト・ベース」にすることができるのか。

ここでは、そのための「五つの戦略」を述べよう。

## 第一の戦略　ウェブの世界での「サーチ」と「ウォッチ」を使い分ける

まず、ネットを優れた「ナレッジ・ベース」として使いこなすための方法であるが、そのためには、基本的に「サーチ」（探索）と「ウォッチ」（観察）のスキルとスタイルを身につける必要がある。

まず、「サーチ」とは、グーグルなどを使った「情報検索」のことであるが、これは、改めて言うまでも無いほどの「必須技能」と呼ぶべきものであろう。従って、この「検索」のスキルについては、良い解説書が数多く世に出ているので、そちらを参照していただきたいが、一つ理解しておくべきは、「検索」には、様々な「プロの技」があるということである。

初歩的な「技」を挙げれば、例えば、「創発」という言葉の意味を知りたいときは「創発」で検索するよりも、「創発とは」で検索すると、より速く欲しい情報に辿り着ける。こうした「技」は数多くあるので、それを知っておくだけで、情報を手に入れる「時間」を節約できる。

そして、プロフェッショナルにとって「時間」とは「コスト」のことであり、手に入れた「情報の価値」と、それを手に入れるために使った「時間のコスト」を意識し、比較しながら情報探索を行うことは、プロフェッショナルとしては、初級の心構えであることも付け加えておこう。

さて、この「サーチ」に対して「ウォッチ」とは、「検索」によって発見したサイトが、一回限りの情報入手ではなく、自分の専門分野にとって何度も来る価値のあるサイトであると感じたとき、そのサイトを継続的に「観察」することである。

具体的には、興味あるサイトを「ブックマーク」したり、それがブログサイトであるならば「RSS登録」をしたり、あるプロフェッショナルが発行しているメールマガジンであるならば、その「定期購読」を申し込むなどして、継続的に「ウォッチ」と「チェック」をしておくことである。

では、なぜ、この二つの方法を分けるのか。

その理由は、「サーチ」という行為は、極めて「目的意識的」な情報入手の方法であるのに対して、「ウォッチ」という行為は、「方向感覚的」な情報入手の方法だからである。

言葉を換えれば、「サーチ」は、「この情報を入手したい」という目的が明確な方法であり、「ウォッチ」は、「この場所から何かの有益な情報が得られるかもしれない」という方向感覚を大切にする方法である。

そして、プロフェッショナルがネットを「ナレッジ・ベース」にするとき、この「方向感覚」を磨いておくことが、極めて重要になってくる。

なぜならば、ネットというものは、「ナレッジ・ベース」にもなる極めて便利な場である反面、ある意味で「情報洪水」に溺れてしまう危険な場でもあるからである。

## 第二の戦略　「サーベイ」と「フォーカス」の切り替えを身につける

そして、プロフェッショナルがネットを「ナレッジ・ベース」にするとき、もう一つ身につけるべき、大切な「身体感覚」がある。

それは、「サーベイ」（概観）と「フォーカス」（集中）の切り替えの身体感覚であり、スタイルである。

言葉を換えれば、多くの情報が集まっている場において「全体を概観的に眺める作業」と、「ここはと思う特定テーマに集中する作業」の切り替えである。

ただし、これは「目的の情報や知識に早く到達する」ためのスタイルとして述べているのではない。もとより、そうした「情報検索」的な意味でも、こうしたスタイルは重要であるが、プロフェッショナルにとっては、こうした「サーベイ」と「フォーカス」のスタイルの切り替えは、別な意味で極めて重要な身体感覚になる。

なぜなら、プロフェッショナルは、あるテーマについて情報や知識を得るとき、個別の知識を得るだけでなく、二つの矛盾したことを同時に行わなければならないからだ。

**第一は、そのテーマについての「長期的なトレンド」や「大局的な構図」を知る。**

**第二は、そのテーマについての「印象的なエピソード」や「象徴的な物語」を知る。**

そして、この二つをともに知ることは、「個人シンクタンク」の知的活動にとって、極めて重要なことである。

もちろん、この知的活動のための具体的な作業としては、まず、検索エンジンでの検索結果を眺める、そして、瞬時に、「概略で読み流すべき情報」と「詳しく読み込むべき情報」を識別するという作業から始まるが、これは「知的判断」と言うよりも、「身体感覚」と呼ぶべきものであり、実は、プロフェッショナルにとっての極めて高度な能力なのである。

では、なぜ、高度な能力なのか。

多くのビジネスパーソンは、「新しいコンセプトを生み出す」と聞くと、すぐに「ブレーンストーミング」や「アイデアフラッシュ」などの方法を頭に浮かべる。複数の人間が集まり、あるテーマについて思いつくヒントやアイデアを、思いつく限り次々と言葉にして表現し、客観化し、分類し、組み合わせるなどのやり方で、新しいコンセプトを生み出すという方法である。もちろん、こうした方法で新しいコンセプトが生まれることはあるが、「個人シンクタンク」をめざすプロフェッショナルにとって、むしろ重要なのは、「物語」の能力である。

なぜなら、こうしたブレーンストーミングなどが新しいコンセプトを生み出すときは、かならず、同時に、魅力的な「物語」が生まれ、語られているからである。

例えば、「カメラ付き携帯電話」。この製品は、単に「カメラ」と「携帯電話」の機能を機械的に結びつけたアイデアだけでは生まれてこない。むしろ、「生活の中で感動したシーンを、すぐに友人に送れたら素晴らしい」や「家族の最近の写真を携帯電話の中に収めておき、知人に見せると喜ばれる」などの魅力的な「物語」とともに生まれてきた商品である。

では、この「物語」を感じ取る能力は、いかにすれば磨けるのか。

ここでは、一人のプロフェッショナルとして、著者がしばしば用いている方法の一つを紹介しておこう。

**「コンステレーション」を感じ取ることである。**

「コンステレーション」とは、心理学用語であり、日本語では「布置」と訳されているが、この言葉は、日常用語としては、別な意味がある。

それは「星座」のことである。すなわち、本来、まったく関係のない位置にある夜空の星々が、「オリオン座」や「さそり座」など、ある意味を持った「星座」を形成しているように見えることを、「コンステレーション」と呼ぶ。

同様に、世の中の様々な情報やキーワードを眺めていると、それらの中のいくつかの情報やキーワードが互いに結びつき、一つの「意味」や、一つの「物語」を語っているように見えてくることがある。

例えば、書店の店頭で人と待ち合わせる。待っている間に、書籍コーナーを眺めていると、売れ行きの良い本が、平積みになって置かれている。それらのタイトルを何気なく見ていると、社会のコーナーには、「団塊の世代」についての書籍、情報技術のコーナーには、「ナレッジ・マネジメント」の書籍、ビジネスのコーナーには、「コンサルタントになる方法」などの書籍が平積みになっている。

それらを眺めていると、ふと、一つの「物語」が浮かび上がってくる。

これから団塊の世代が大量に定年退職を迎える。しかし、それらの人々の中には、会社を辞めても、自分の専門分野の知識を使って、コンサルタントなどを開業したいと考えている人が少なくない。しかし、コンサルタントになるためには、それまでの職業人生において自分が身につけた「知識」や「智恵」を棚卸しして、第三者に容易に提供できるようにしなければならない。そのためには、従来、「企業」の内部で行われてきた「ナレッジ・マネジメント」（知識管理）を、「個人」の内部で行わなければならず、これから、そのための技法が求められるようになっていく。

これは、書店の店頭において、様々な書籍のキーワードが「コンステレーション」を起こし、「物語」が浮かび上がり、感じ取った事例であるが、同様のことが、ネットのサイトやブログを巡っていても起こる。大切なことは、サイト検索やサイト巡りを行うときに、「コンステレーションを感じ取る」という意識を持っているか否かである。

では、次に、どうすれば、面白い「物語」、魅力的な「物語」を語ることができるのか。これも、著者が大切にしている心得を一つだけ述べておこう。それは、「文章技術」の問題以前に、深く問われることである。

**その「物語」を、誰よりも「面白い」と感じているか。**

そのことが、大切な心得である。なぜなら、不思議なことに、自分自身が本当に「面白い」と思っていることは、拙い文章を通じても、その「面白さ」が相手に伝わるからである。

しかし、世の中の様々な動きに対して、深い興味を抱き、感心し、面白いと思う感性は、実は、長い年月をかけて自分の中に育んでいくべき能力であることも、また事実なのである。

さて、ここまでが、ネットという「ナレッジ・ベース」を「コンセプト・ベース」にする方法であるが、もう一つ大切なことがある。

それは、この「ナレッジ・ベース」を「ノウハウ・ベース」にする方法である。それは、言葉を換えれば、ネットの世界を、自分が他のプロフェッショナルの「ノウハウ」を学ぶ場にする方法に他ならない。

しかし、すでに述べたように、「ノウハウ」というものは、本来、直接に言葉で語ることはできない「智恵」である。

では、どうすれば、ネットの世界において、その「ノウハウ」を学ぶことができるのか。

## 第四の戦略　「師匠」のサイトを見出し、「私淑」する

そのための方法は、極めて日本的な方法である。

**「師匠」を見出し、「私淑」し、その仕事から「智恵」を掴み取る。**

すなわち、まず最初に求められるのは、自分のプロフェッショナルとしての「目標」や「ロールモデル」となる「師匠」を見出すことである。

それは、社会的に著名な有識者でも専門家でもよい。自分の業界で活躍しているキーパーソンでもよい。ただし、ここで「師匠」というのは、すべてにおいて優れた能力を持った人物という意味ではない。情報収集力、情報分析力、ビジョン構築力、コンセプト創造力、情報発信力、文章力、話術など、何か一つ、学ぶべき優れた能力を持っていると感じるプロフェッショナルを「師匠」と考え、「私淑」することである。

そして、そのプロフェッショナルの公式サイトやブログを常にウォッチしながら、そこで語られるメッセージを読み、提言されるビジョンやコンセプトを学び、そのプロフェッショナルの持つ様々な「ノウハウ」や「智恵」を掴み取っていくという方法である。

ただし、そのときに大切な心得がある。

**プロフェッショナルの「智恵」は、全体性を持ち、全人的である。**

すなわち、優れたプロフェッショナルから、「ノウハウ」や「智恵」を学ぼうと思うならば、そのプロフェッショナルのメッセージやビジョン、コンセプトから、断片的な「スキル」や「テクニック」を学ぼうとする姿勢では限界がある。何よりも、そのプロフェッショナルの「仕事のスタイル」や「人生の歩み方」、それらを含めた「人物の全体」から学ぼうとする姿勢が不可欠である。

特に、一人のプロフェッショナルから「知のスタイル」を学ぶためには、次の「三つの学び」を大切にする必要がある。

**第一は、「発想」のスタイルを学ぶことである。**

すなわち、あるプロフェッショナルの優れたコンセプトを見たとき、「どこから、そうした発想が生まれてくるのか」を考え、そのプロフェッショナルの「ウェイ・オブ・シンキング（思考の方法）は何か」を考えるという姿勢が重要である。

しかし、そのとき、特に留意するべきは、そのプロフェッショナルの持つ「哲学」や

「思想」、「人間観」や「人生観」である。なぜなら、優れたプロフェッショナルの持つ「発想法」や「思考方法」は、実は、その奥にある「哲学」や「思想」、「人間観」や「人生観」と深く結びついているからであり、そうした視点で「発想法」や「思考方法」を見ていると多くの発見があるだろう。

**第二は、「語り」のスタイルを学ぶことである。**

これは、ある優れたプロフェッショナルの魅力的なメッセージを読んだり、聴いたりしたとき、その奥にある「語り」のスタイルを学ぶことである。

現在では、著名なプロフェッショナルの個人サイトの中には、投稿論文やインタビュー記事、対談やシンポジウム記録などの「文章」を読むことができ、さらには、講演記録やラジオ番組などの「音声」も聴くことができるものが増えている。

こうした「論文」や「記事」を読み、「講演」や「ラジオ番組」を聴いていると、優れたプロフェッショナルは、かならず自分の「語り」の「アート」を持っていることが分かる。そして、それは、そのプロフェッショナルの「個性」と一体であることも分かる。

あるプロフェッショナルは、切れ味の良い言葉を次々と連ねて、読者や聴衆を巻き込んでいく。また、あるプロフェッショナルは、訥々と語りながらも、味わい深い雰囲気で、読者や聴衆の心に届くメッセージを語っていく。それぞれに、自分の「個性」を知り尽くしたプロフェッショナルの「アート」を持っている。

そして、もし、我々が、その「アート」を真剣に学ぼうとするならば、その「アート」の本質が、単なる「スキル」や「ノウハウ」だけでなく、その奥に、卓抜な「リズム感」と「バランス感覚」があることに気がつくだろう。

**第三は、「活動」のスタイルを学ぶことである。**

すなわち、ある優れたプロフェッショナルから「智恵」を学ぶとき、その人物が、日常の仕事や生活において、どのような「活動」を行っているかを知ることである。

何度も述べたように、優れたプロフェッショナルは、単なる書物で学んだ「知識」ではなく、現実の経験から学んだ「智恵」を掴んでいる。大切なことは、そのプロフェッショナルが、その「智恵」を掴んでいる現場を知ることである。

例えば、あるプロフェッショナルは、全国各地での講演の合間に、かならず、その地域の中小企業の経営者と会って、地域の現状などを生の声で聞いている。また、あるプロフェッショナルは、自分自身でＮＰＯを運営し、若い世代の人と一緒に汗をかいている。そうした現実の仕事や生活での活動を知ることは、そのプロフェッショナルから「智恵」を掴むために、大切な示唆を与えてくれるだろう。

さて、こうして、ウェブサイトを通じてでも、世の中の優れたプロフェッショナルを「師匠」とし、「私淑」し、その「智恵」を学ぶことができるが、やはり、そのうえで、もし可能ならば、その優れたプロフェッショナルに、メールでコンタクトし、智恵を借りることや、直接会い、対面で教えを請うことが望ましい。

そして、ネット革命の素晴らしさは、著名なプロフェッショナルに、メールでコンタクトし、智恵を借りたり、教えを請うことが、極めて容易になったことでもある。

しかし、このとき、決して忘れてはならない大切な「心構え」がある。

## 第五の戦略　先達プロフェッショナルの智恵を借りる「心構え」を身につける

ビジネスの世界では、人の智恵を借りる必要に迫られることはしばしばあり、それゆえ、世の中には、人の智恵を借りる「ノウハウ」を語っている本や雑誌の特集も数多くあるが、もし、我々が、世の中の先達プロフェッショナルの智恵を借りたいと思うならば、決して忘れてはならない「心構え」がある。

著者の知人には、執筆や講演を行うプロフェッショナルが何人もいるが、その多くが、しばしば、読者や聴衆の方から、メールで様々な質問をされたり、相談を受けたりすることがあるという。しかし、やはり、知人の多くが共通して語るのが、それらのメールでの質問に対して、「答えたくなる人」と「答えたくなくなる人」が明瞭に分かれてしまうということであり、その違いは、結局、その質問者が、しっかりとした「心構え」を持って質問しているかの違いに他ならないということである。

そこで、これらの知人の話を踏まえ、著者の経験も併せ、その「心構え」について、ごく初歩的なことながら、敢えて「三つの心構え」を述べておこう。

### 第一の心構えは、相手に対する「礼儀」を大切にすることである。

こう述べると、心ある読者の方は、「当たり前ではないか」と思われるかもしれないが、実は、これができない質問者は、世の中に決して少なくない。

例えば、「本読みました。一つ教えてください。何ページに○○と書いてありますが、意味が良く分かりません。説明してください」といったメールが届くときがある。

これは、ネットやメールの世界の持つ「開放的な文化」や「水平的な文化」の意味を取り違えている人であろう。たしかに、ネットやメールの世界では、形式を重んじたり、社会的な序列を持ち込んだりしない、「オープン」で「フランク」な文化があるが、やはり、ネットの世界であろうが、リアルの世界であろうが、初めてコンタクトする人間に対しては、当然の礼儀が求められるだろう。それにもかかわらず、ネットの世界では、何か特殊なマナーやスタイルが通用すると勘違いしている人は、残念ながら、決して少なくない。

**第二は、相手の「時間コスト」を意識することである。**

例えば、先ほどのようなメールのもう一つの問題は、「礼を失している」ということに加え、相手の「時間コスト」に対する配慮が無いことである。すなわち、先ほどのようなメールは、「わずか二行」のメールで、相手に「膨大な行数」のメールを要求するという姿勢であり、相手の時間的負担に対する配慮に欠けている。

やはり、相手に返信のための多くの時間を求めるのならば、それに見合った時間を使って、相手が答えやすい内容に整理された、丁寧なメールを送るべきであろう。

**第三は、相手との「共感」を大切にすることである。**

他のプロフェッショナルから智恵を借りるといっても、実は、「智恵を借りる」という言葉に示されているように、智恵とは、本来「もらう」ものではなく、「借りる」ものである。すなわち、プロフェッショナルの世界では、「智恵」に対しては、「智恵」を返すという「智恵の交換」が前提となっている。本来、「智恵を一方的にもらうだけ」の関係はあり得ないのである。

しかし、実は、この原則に例外がある。

**「共感」である。**

「智恵」を提供することを職業にしているプロフェッショナルでも、相手の人柄や人間性に「共感」したときには、無償で、惜しみなく「智恵」を提供したくなる。

それが「人情」というものであろう。

では、著名なプロフェッショナルとの間に、いかにすれば「共感」が生まれるのか。

これも、求められるのは、ただ一つの心得である。

**相手に深く「共感」する。**

まず自ら、相手の著作や講演、作品の奥にある、そのプロフェッショナルの思いに深く「共感」することである。それができたならば、結果として、そのプロフェッショナルとの間に「共感」が生まれることは、ある。

しかし、もし、我々が、相手の「共感」を引き出そうとするならば、その「操作主義的な意図」は、かならず相手に伝わってしまい、その結果、相手の気持ちは離れていく。

**では、「共感」とは何か。**

それは、決して、相手の主張や考えに、表面的に「賛同」するということではない。

**それは、相手の主張や考えが、「その人にとっての真実」であることを、深い敬意を持って受け止めることである。**

しかし、そうした意味での「共感力」とは、実は、極めて高度な人間としての能力でもある。

　そして、そのことに気がつくとき、「他のプロフェッショナルの智恵を借りる」という営みが、プロフェッショナルにとって最も大切な力、すなわち「人間力」を磨く、素晴らしい機会であることに気がつくだろう。

## 第二話　「パーソナル・メディア」の戦略
### 良き影響力を持つ「自分だけのメディア」を育てる

さて、「ネット革命」の第二の革命、「草の根メディア革命」。

この革命の結果、インターネットを使って、誰でも自由に、自分の意見やメッセージを世の中に発信することができるようになった。

では、それは何を意味しているか。

**インターネットが、誰にとっても、自分の「パーソナル・メディア」になる。**

そのことを意味している。

すなわち、インターネットの出現によって、誰でも手軽に「個人サイト」を開設し、「メールマガジン」を発行し、その二つの機能を併せ持った「ブログ」を開設することができるようになった。その結果、誰でも「個人のメディア」を持つことができるようになったと言える。

しかし、プロフェッショナルが「個人シンクタンク」へと進化するためには、単に、これらの「パーソナル・メディア」を持つだけでは不十分である。

なぜなら、「個人シンクタンク」が「パーソナル・メディア」を持つのは、単なる「自己表現の欲求」や「自己満足の趣味」のためではなく、世の中に自分の意見やメッセージを伝え、世の中に良き影響を生み出すためである。そして、そのことを考えるならば、この「パーソナル・メディア」には、当然のことながら、次の「三つの条件」が問われる。

**第一の条件　このメディアを、どれほどの数の人が見てくれているのか。**
**第二の条件　このメディアを見てくれている人々は、どのような人々か。**
**第三の条件　このメディアは、世の中に対し、良き影響を生んでいるか。**

すなわち、メディアである限り、多くの人々が見てくれなければ意味がない。しかし、ただ、多くの人々が見るだけの「人気サイト」や「人気メルマガ」「人気ブログ」である

のメディアとして「マスメディア」を想定する限り、腕を磨く機会は、誰にでも与えられているわけではない。その意味で、「パーソナル・メディア」とは、「個人シンクタンク」が「メッセージ力」を磨いていくための、優れた「自己修練」の方法なのである。

## 第二の戦略　最初は、「メッセージ発信」よりも「知識ポータル」の戦略に徹する

ここで、「パーソナル・メディア」というと、すぐに、自分の意見や主張を載せることを考える人が多いかもしれない。しかし、いま述べたように、「多くの読者が読んでくれる」ような価値ある意見や主張を語れるようになるためには、それなりの修練が必要である。そして、「個人シンクタンク」として発するメッセージは、やはり、「多くの読者が読んでくれ」なければ意味がない。

そして、この点が、いま世の中で急速に広がっている「ブログのメッセージ」とは異なる点である。もちろん、ブログでも、極めて多くの読者が読むブログも存在するが、その大半は、「多くの人が読んでくれたこと」よりも、「自分のメッセージを発信したこと」や「友人、知人に読んでもらったこと」に意義を見出すものである。

すなわち、「個人シンクタンク」のパーソナル・メディアは、通常のブログなどとは、その目的が違うということを理解しておく必要がある。なぜなら、ブログは、「ウェブ上での日記」と形容されるように、「自分の言いたいことを言う」メディアであるのに対して、「個人シンクタンク」のパーソナル・メディアは、どこまでも、「読者にとって役に立つ情報、知識、智恵を伝える」ことに主眼があるからである。

従って、「個人シンクタンク」のパーソナル・メディアの戦略においては、まず「自分の意見や主張を載せる」ことから始めることが、かならずしもベストではない。むしろ、「読者の役に立つ情報や知識を整理して載せる」ことから始めることが、最善策になることが多い。

例えば、あるコーチングのプロフェッショナルが開設する「コーチング・サイト」においては、自身のコーチングに関するメッセージとともに、様々な本から抜粋した「コーチングに役立つ言葉」を載せている。また、あるコンサルタントが開設する公式サイトでは、自身の意見や主張を載せることよりも、その専門分野の知識が得られるサイトの網羅的な「リンク集」を作成し、詳細な解説付きで載せることに力を入れている。

これは何を行っているのか。

**「知識ポータル」の戦略である。**

すなわち、「あのサイトに行けば、そのテーマに関連するすべての知識が整理されて集まっている」「その専門知識の世界に入りたいなら、まず最初に、その世界の見取り図と概観を提供してくれる、あのポータルサイト（玄関サイト）に行くべきだ」との評価を得ることを優先する戦略である。

これは「ゲートウェイの戦略」とも呼ばれるものであるが、まず、多くの読者が、「このサイトは、この専門分野の情報や知識が整理されていて、役に立つ」と思って訪問してくれるサイトになるという戦略である。

こうした戦略が有効である理由は、言うまでもない。

ネット革命による「情報洪水」の中で、多くの読者が「ナビゲーション」（航路案内）を必要としているからである。

そして、読者にとって本当に「役に立つ情報」とは、単に「価値ある情報」であるだけでなく、何よりも、理解しやすく「整理された情報」であるということを、忘れてはならない。

そして、そのうえで、さらに理解しておくべきことがある。

それは、「メッセージ発信」という行為に関する「二つの逆説」である。

**第一の逆説は、「間接話法」の有効性である。**

「メッセージ発信」というと、多くの人は、「自分の意見を、いかに説得力を持って主張するか」を考える傾向にあるが、実は、メッセージ発信においては、「自分の意見」を直接、強く主張するよりも、「自分が共感する意見を紹介する」という方法が、結果として、柔らかな説得力を持つことが多いのである。

先ほどのコーチング・サイトでの「抜粋集」の事例は、その意味でも、一つの優れた方法であると言える。

**第二の逆説は、「情報整理」の創造性である。**

「メッセージ発信」というと、多くの人は、「いかにして、創造的な意見や主張を述べるか」を懸命に考え、情報を整理することは、あまり創造的な仕事ではないと考える傾向にあるが、実は、情報の整理を徹底的に行っていると、むしろ、未開拓の領域が発見できたり、新たな切り口が見えてきたりするため、そこに創造性が生まれることが多いのである。

先ほどのコンサルタントの「リンク集」の事例は、この意味で、「予期せぬ創造性」を生むことがある。

このように、「メッセージ発信」という行為の「二つの逆説」を理解するならば、まず、自分の意見や主張を強く発信する前に、世の中の書籍や雑誌の記事で、自分が共感する言葉や智恵を選び、分かりやすく整理して読者に提供することは、ときに、「柔らかな説得力」と、「予期せぬ創造性」を発揮する、優れた戦略でもある。

ちなみに、著者は、自分のメッセージを発信するとき、「人類の文明が始まって数千年、この長い歴史の中で、本当に大切な智恵は、すでに、すべて語り尽くされている」と覚悟して、言葉を語るように心がけている。

それは、「著作」というものが、ときに「自己主張」と「自己顕示」の手段になってしまうことの怖さを感じるからであり、自分の意見のオリジナリティに「自意識過剰」になることの危うさを感じるからである。

従って、著者が大切にするのは、むしろ、言葉の使い方、隠喩の伝え方、物語の語り方、そして、文章のリズム感や強さ、ニュアンスや余韻などを通じて、「自分らしい個性的な表現」を試みることである。

そして、「大切なことは、すべてが語り尽くされた」後の現代において、我々が為すべきは、言葉に「言霊《ことだま》」を宿すこと、その「言霊」を通じて、世の中に良き「行動」を生み出すことであると覚悟している。

いつの時代においても、本当に大切なことは、「知る」ことよりも、「行《ぎょう》じる」ことなのであろう。

## 第三の戦略　「批評」においては、かならず「ポジティブ・メッセージ」を語る

さて、「個人シンクタンク」が、こうしてパーソナル・メディアを通じてメッセージを発信するようになると、何らかの形で、他の著者の書籍や記事の批評を行う機会が生まれるだろう。

そのとき、一つ、深く理解しておくべきことがある。

**「批評」においては、その評者の「人間性」が、恐ろしいほどに出る。**

そのことを知っておくべきだろう。

例えば、他の書籍の批評において、言葉の刃で鋭く批評をする。他の著者の論を評するとき、感情を露にして批判をする。

いま、個人サイトやブログなどで、ときおり見かけるのが、そうした「鋭利な批評」や「感情的な批判」である。そして、そうした批評や批判を読んでいると、恐ろしいほどに、その評者の「人間性」が伝わってくる。

例えば、「鋭利な批評」の多くが、その言葉の奥から、その評者の「自己顕示」の叫びが聞こえてくる。しかし、それは、実は、その評者が現実の人生の中で味わっている「深い劣等感」や「強い欲求不満」の裏返しであり、「どうして自分は認められないのか」「どうして自分の優秀さが分からないのか」の叫びでもある。

いま、個人サイトやブログに、ときおり見受けられる「鋭利な批評」は、評者がどれほど「冷静で知的な批評」を装っても、感受力のある読者には、それらの文章の奥から、その人物の「人間性」が透けて見える。その「人間性」が、行間から伝わってくる。

では、その結果、何が起こるか。

**良き読者は、去っていく。**

そして、気がつけば、その個人サイトやブログには、その評者と似た「人間性」の読者が集まってくる。

例えば、ある「鋭利な批評」を売り物にしている個人サイトでは、様々な著者と著書を「なで斬り」にしているが、そこに寄せられる読者のコメントを見れば、集まっている読者も似たような辛辣な言葉を好む読者であることが分かる。そして、そのサイト全体が、「現実生活でのフラストレーションのはけ口の場」となっていることに気がつく。

かつて、文芸評論家の小林秀雄氏が、「批評」というものについての警句を残している。

**「批評とは、人をほめる特殊の技術である」**

我々は、この小林秀雄氏の警句を胸に刻むべきであろう。

真のプロフェッショナルとは、他のプロフェッショナルの作品を鋭利に批判することで、自分を際立たせようとする人間ではない。他のプロフェッショナルの作品に対する敬意を失わず、他の作品から良き部分を学びながら、自分独自の個性的な作品を創り上げようとする人物のことである。

例えば、多くの人々から静かな人気を得ている、ある書評メールマガジン。その書評を読むと、常にその著作の良き部分を見つめる評者の温かい目線が伝わってくる。そして、その評者がときおり開く読者の会合に参加すると、そこに集まる読者もまた、その評者と同様に、温かい心を持った人々であることに気がつく。

先ほど述べたことを、思い起こしていただきたい。

「個人シンクタンク」は、パーソナル・メディアを通じて、いかなるメッセージを世の中に発信するべきか。そして、そのメッセージは、いかなる読者に届けられるべきか。

**ただ「多くの読者」に届くだけでなく、「良質の読者」に届くメッセージを、発する。**

そのことの大切さを、「個人シンクタンク」をめざすプロフェッショナルは、深く理解しておくべきであろう。

そして、「文章を書くこと」とは、究極、「人間を磨くこと」であり、「人間力を身につけていくこと」であることを、知るべきであろう。

そして、そのための第一歩は、文章を書くときに、まず、自分の内面を見つめ、そこにある「自己顕示欲」「自己愛」「劣等感」「満たされぬ欲求」を静かに見つめることであろう。

「文章の力」とは、実は、その透徹した「エゴ・マネジメント」から生まれてくる。

## 第四の戦略　「ブロゴスフィア」でメッセージを広げていく

さて、こうして「多くの読者」に集まってもらい、「良質の読者」に集まってもらうとき、この「パーソナル・メディア」は、世の中に大きな影響を持ち始める。

言葉を換えれば、このメディアを中心に「読者コミュニティ」が生まれ、その大きさが社会への影響力となっていく。

しかし、ここで問題がある。

**この「読者コミュニティの社会への影響力」とは、何か。**

これまで、多くの場合、「サイトへのアクセス数」や「メールマガジンの読者数」などが、その「影響力の指標」として用いられてきた。
しかし、実は、「ウェブ2・0革命」の時代には、この発想が、古くなる。
それは、なぜか。

**「目に見えないコミュニティ」が生まれてきたからである。**

「ウェブ2・0革命」の時代には、これまでの「サイト訪問者」や「メールマガジン読者」などで形成される「目に見えるコミュニティ」だけでなく、その実態を把握することが難しい、無数のネットワークで結ばれた「目に見えないコミュニティ」が生まれてきたからである。
それは、何か。

**「ブロゴスフィア」である。**

すなわち、いま、ネットの世界では、「ブログ」を中心に、

1. ブログ同士のトラックバック
2. コメントの書き込み
3. 個人サイトとのリンク
4. ブログやサイトの記事の相互引用と相互紹介
5. メールマガジンの転送
6. 自身のメールマガジンでの引用と紹介

などを通じて無数のネットワークが結びつき、「ブロゴスフィア」（ブログ圏）と呼ばれる「目に見えないコミュニティ」が形成されているのである。

そして、これからの時代、「個人シンクタンク」は、自分のサイトの訪問者やメールマガジンの読者によって形成される「目に見えるコミュニティ」を通じての影響力だけでなく、この「ブロゴスフィア」と呼ばれる「目に見えないコミュニティ」での影響力を重視しなければならない。

例えば、先ほど、著者のメールマガジン「風の便り」の紹介に際して、「直接読者は、およそ三万名であるが、その読者によって様々な形で、転送、転載、紹介されているため、間接読者は、一〇万名を超えていると思われる」と述べたのは、まさに、この「目に見えないコミュニティ」のことを意味している。

## 第五の戦略　メッセージに「言霊」を込めて発信する

では、どうすれば、この「ブロゴスフィア」で、メッセージを広げていくことができるのか。

その答えは、質問と矛盾していると思われるかもしれないが、一言である。

**「メッセージを広げよう」としてはならない。**

こう述べると、読者の中には驚かれる方がいるだろう。

なぜなら、世の中では、個人サイトやブログやメールマガジンを始めると、友人や知人をはじめ、各方面に「リンクしてください」「紹介してください」「転送してください」という依頼をすることが常道だからである。

もとより、せっかく開設した個人サイトやブログ、開始したメールマガジン。それを、一人でも多くの人に読んでもらいたいとの気持ちは理解できる。しかし、冷静に考えてみれば、いまの時代、無数のサイトやブログが、リンクやトラックバックを希望し、無数のメールマガジンが、紹介や転送を希望している。その時代において、こうした方法によって、意図的に世の中にメッセージを広げようとしても、自ずと限界がある。

では、どうすれば良いか。

答えは、ただ一つの方法である。

**「メッセージが自然に広がっていく」ようにする。**

なぜなら、メッセージには、意図的に広げようとせずとも、自然に人から人へと伝わり、広がっていくメッセージというものがあるからである。

では、「自然に人から人へと伝わり、広がっていくメッセージ」とは、何か。

**「言霊《ことだま》」を持ったメッセージである。**

「言霊」とは、本来、「言葉に宿った魂」の意味であるが、著者は、この言葉を広義に解釈し、「魂の宿った言葉」「生命力の宿った言葉」の意として使っている。

では、「生命力の宿った言葉」とは、何か。

**「それを聴いたとき、心の動く言葉」**である。

ただし、それは、世の中でしばしば使われる「相手を感動させる言葉」という意味ではない。

そもそも、言葉によって「相手を感動させよう」と考える瞬間に、その言葉は「自意識の病」と「操作主義の病」に犯され、感受力のある人々は、それを敏感に感じ取り、それらの人々の心は、離れていく。

**なぜなら、「感動」という言葉は、本来、「一人称」で使うべき言葉だからである。**

それは、本来、「自分が何かに感動する」という意味で使われるべき言葉であり、「誰かを感動させる」という意味で使われるべき言葉ではない。

では、「心の動く言葉」とは何か。

それが「相手を感動させる言葉」でないとすれば、どのような言葉か。

**「智恵の宿った言葉」である。**

それを読んだ瞬間に、大切な智恵を感じ、何かの気づきが訪れ、深く考え込み、心が大きく動く。そうした言葉である。
そして、そうした言葉は、読む人々の「心が動く」がゆえに、自然にその人々は、他の人々にも読ませてあげたいと考え、転送や、引用や、紹介をするだろう。
では、それは、どのような言葉か。

**「物語」や「エピソード」、「寓話」や「メタファー」（隠喩）などの言葉である。**

こうした言葉は、言葉に奥行きと広がりがあるため、そこから智恵を感じ取りやすく、また、読む人々の心に残りやすい。そのため、それ自身の「生命力」で、自然に、人から人へと伝わっていく。
これに対して、「理論」や「知識」を語る言葉は、それがどれほど「正しく」とも、人々の「心が動かない」ため、あまり広がっていかない。

著者が配信しているメールマガジン「風の便り」は、拙い文章を連ねたものではあるが、その随想メッセージの多くが、「物語」や「エピソード」を語り、「寓話」や「メタフ

# 第三話　「プロフェッショナル・フィールド」の戦略

## 自分の「経験の智恵」を語れる専門分野を定める

**次が、「ネット革命」の第三の革命、「ナレッジ共有革命」。**

この革命の結果、インターネットを使って、誰でも自由に、高度な知識を共有できるようになった。

では、それは何を意味しているか。

**「言葉で表せる知識」が価値を失っていく。**

そのことを意味している。

誰でも容易に、「専門的な知識」や「最先端の知識」を手に入れることができるようになったということは、単に「言葉で表せる知識」を持っているだけでは、人材としての価値を持てないということ。
では、その結果、プロフェッショナルには、何が問われるか。

**「言葉で表せない智恵」を身につけているか。**

そのことが問われるようになる。
すなわち、第一部・第四話で述べたように、スキルやセンス、テクニックやノウハウといった「技術」、マインドやハート、スピリットやパーソナリティといった「心得」、そうした「職業的な智恵」が問われるようになる。
しかし、これは、プロフェッショナルにとっては、厳しい革命。
なぜなら、一つの問いが、深く問われるからだ。

**あなたにとっての「プロフェッショナル・フィールド」は、何か。**

その問いが厳しく問われる。

この問いに対して、「ネット革命」以前は、単に「専門的な知識」を持っているだけでも、それが自分の「専門分野」（プロフェッショナル・フィールド）であると称し、自分は「専門家」（プロフェッショナル）であると称することができた。

しかし、「ネット革命」以降は、それが許されない。

自分が「専門分野」であると称する世界については、「書物で学んだ知識」だけでなく、「経験で掴んだ智恵」を、どれほど持っているかが問われる。「専門的な知識」だけでなく「職業的な智恵」を、どれだけ身につけたかが問われる。

逆に言えば、その観点から、自分の「プロフェッショナル・フィールド」を定めること。

そのことが求められる。

すなわち、「ナレッジ共有革命」の時代に、プロフェッショナルが「個人シンクタンク」へと進化するためには、このことが、まず第一の戦略となる。

## 第一の戦略　自分の「プロフェッショナル・フィールド」を明確にする

では、なぜ、プロフェッショナルが「個人シンクタンク」へと進化するために、自分が「経験で掴んだ智恵」や「職業的な智恵」を身につけている分野を「プロフェッショナル・フィールド」にしなければならないのか。

その理由も明確である。

**「個人シンクタンク」は、他の「個人シンクタンク」との「コラボレーション」（協働）を行わなければならない。**

それが理由である。

本書の冒頭に述べたように、「ネット革命」と「ウェブ2・0革命」の時代には、様々な専門分野を持った「個人シンクタンク」が縦横に結びつき、ネットワークを形成して活動する。

しかし、こうしたネットワークを形成して活動するときの「隠れた基準」は、「互いに、それぞれの専門分野において、同じ水準のプロフェッショナルの能力を持っている」ということである。

逆に言えば、単に「書物で学んだ専門的な知識」を持っているだけの「机上プロフェッショナル」は、「経験で掴んだ職業的な智恵」を身につけた「熟練プロフェッショナル」とは、力量に差があり過ぎるため、コラボレーションができないのである。

このことは、プロフェッショナルをめざす人間が、深く理解しておくべきことであろう。

プロフェッショナルの世界には、恐ろしい格言がある。

**「下段者には、上段者の力が分からない」**

その言葉である。

単に「知識」を持っているだけの「机上プロフェッショナル」には、「智恵」を身につけた「熟練プロフェッショナル」の「力量」が分からないのである。

しかし、逆に、「熟練プロフェッショナル」からは、恐ろしいことに、「机上プロフェッショナル」の力量は「透けて見える」。

なぜ、力量が「透けて見える」のか。

**「言葉が軽い」からである。**

「経験で掴んだ智恵」から語られる言葉と、「書物で学んだ知識」から語られる言葉は、恐ろしいほどに、その「重み」が違う。

そのことの怖さを、プロフェッショナルをめざす人間は、知っておくべきであろう。

しかし、著者がここで述べたいことは、「決して、書物で知識を学んではならない」ということでも、「決して、知識だけを語ってはならない」ということでもない。

当然、「知識」を学ぶことは、あってもよい。

また、「知識」だけを語ることも、あってよい。

プロフェッショナルをめざす人間にとって、「知識」と「智恵」の問題は、ただ一つ。

**「知識」を身につけて、「智恵」を身につけたと勘違いすること。**

そのことが問題なのである。

当然のことながら、一つの力が求められる。

**多くの「非専門家」（素人）に、その「専門知識」を分かりやすく説明する力。**

その力が求められるようになる。

しかし、こう述べると簡単なことのように思えるが、実は、これは、最も高度な「職業的な智恵」が求められることである。

なぜなら、もし我々が、高度な「専門知識」を素人にも分かりやすく説明しようとするならば、次の「五つの力」が求められるからだ。

**第一の能力　知識の本質を把握する力　「本質把握力」**
**第二の能力　相手の状況を判断する力　「状況判断力」**
**第三の能力　相手の気持を感じ取る力　「心理感受力」**
**第四の能力　簡明な論理を展開する力　「論理展開力」**
**第五の能力　比喩や物語を駆使する力　「比喩活用力」**

そして、これら「五つの力」は、極めて高度な「職業的な智恵」に他ならない。

しかも、先ほど述べたように、「ナレッジ共有革命」は、これから、すべてのプロフェッショナルに、この「分かりやすく語る智恵」を求めるのである。

しかし、このことは、ある種の「専門家」にとっては、極めて厳しい時代が到来することを意味している。

なぜなら、「ナレッジ共有革命」以前には、専門的な知識というものが、一部の専門家に独占されていたため、それらの専門家は、自分たちの専門知識の価値を高めるために、無意識にも、意識的にも、その専門的な知識を一般の人々が理解しにくい「難解な言葉」で語る傾向があったからである。

こうした傾向は、昔から「衒学的《げんがく》」（ペダンティック）という言葉で批判されてきた傾向ではあるが、これからの時代には、専門的な話を、難解な言葉で、有り難いご高説のごとく話し、素人が理解できないのは素人の能力不足とする姿勢は、ますます多くの人々から疎《うと》まれるようになっていくだろう。

もう一度、述べよう。

**「分かりやすく語る智恵」**

それは、実は、極めて高度な智恵に他ならない。そして、「ナレッジ共有革命」の時代には、これから最も求められる智恵になっていく。それゆえ、もし、プロフェッショナルが「個人シンクタンク」への進化をめざすのならば、この智恵こそが、まず最初に身につけるべき智恵でもある。

ちなみに、現在、世の中で活躍している有識者を見るならば、その多くが、この智恵を身につけていることに気がつくだろう。

では、こうした「高度な知識」を素人にも分かりやすく語るという技法を身につけた後には、プロフェッショナルに、何が求められるのか。

**「深い智恵」を、言葉で分かりやすく伝える技法である。**

## 第三の戦略　「知識」を伝える技法だけでなく、「智恵」を伝える技法を学ぶ

では、それは、具体的には、どのような技法か。

そもそも「智恵」というものが、直接的に「言葉」で表せないものであるならば、それを「言葉」で伝える技法とは、自己矛盾ではないか。

もし、そのような技法があるとするならば、それは、いかなる技法か。

**「自身の体験談」や「著名人のエピソード」、「物語」や「寓話」である。**

こうしたメッセージは「言葉」で語れる。そして、こうしたメッセージを語ることによって、たしかに、相手に「智恵」を伝えることができる。

いや、正確に言おう。

**相手は、自分の中にある「智恵」に気がつくのである。**

それが真実である。

そもそも、「智恵」とは、経験や体験を通じてしか掴めないもの。しかし、逆に言えば、何かの経験や体験を持っているならば、それを自覚していなくとも、かならず、無意識の世界で、何かの「智恵」を掴んでいる。しかし、我々は、せっかく優れた経験や体験を持っているにもかかわらず、しばしば、その「智恵」に気がついていない。

ところが、ある人の「体験談」や「エピソード」を聞いたとき、また、含蓄深い「物語」や「寓話」を聞いたとき、ふと、自分自身の過去の経験や体験が、その体験談やエピソード、物語や寓話と「共鳴」を起こし、そこに眠っていた「智恵」に気がつくときがある。

**これが「気づき」と呼ばれる瞬間である。**

すなわち、我々は、「智恵」を直接言葉で伝えることはできないが、「体験談」や「エピソード」、「物語」や「寓話」を通じて、相手が、自身の過去の経験や体験の中に眠っている「智恵」に気づくことを、助けることはできるのである。

しかし、このことは、恐ろしいことも意味している。

「経験の浅い人間」や「体験の無い人間」は、どれほど、含蓄のある体験談やエピソード、物語や寓話を聞いても、「智恵」を掴めないのである。仮に「何かを掴んだ」と思っても、その多くは、「智恵」として掴むべきものを、単なる「知識」として理解しているに過ぎない。

いや、むしろ、問題はもっと恐ろしい。

「経験の浅い人間」や「体験の無い人間」は、含蓄のある体験談やエピソードを聞いても、それと共鳴するべき豊かな経験や体験を持たないがゆえに、その体験談やエピソードを、ただ頭で理解し、「何だ、それだけのことか」「当たり前の話ではないか」「何も学ぶことのない話だ」といった反応をすることが多い。

それは、何か。

**自分の仕事を「縦」ではなく、「横」にしてみる。**

その方法である。

言葉を換えれば、自分のプロフェッショナルとしての力量を、「テーマ」（主題）から見るのではなく、「メソッド」（方法）から見るということである。

## 第四の戦略　「テーマの智恵」ではなく、「メソッドの智恵」の棚卸しをする

分かりやすい例を挙げよう。

例えば、いま、永年、化粧品の訪問販売を行ってきたセールスマンがいる。

このセールスマンの仕事の「テーマ」は、当然のことながら「化粧品」である。

従って、このセールスマンは、永年の仕事を通じて、「化粧品についての智恵」を数多く身につけている。

例えば、お客様の顔を見ただけで、肌の乾燥具合や荒れ具合が分かり、熟練のプロフェッショナルならば、さらには、体調や健康状態、精神的ストレスまで分かるかもしれない。

しかし、このセールスマンの仕事を、もし「メソッド」という観点から見るならば、このセールスマンは、実は、まったく別な「智恵」を身につけていることが分かる。

「訪問販売についての智恵」である。

例えば、家の玄関の前に立っただけで、その家の家族構成や裕福さなどが分かり、玄関が開いてその家の主婦と挨拶を交わしただけで、相手の忙しさや、精神的余裕、人柄や気質、さらには好みやセンスまで瞬時に感じ取るかもしれない。

これが、「テーマの智恵」と「メソッドの智恵」である。

そして、この二つの智恵は、プロフェッショナルにとって、どちらも重要な智恵であるが、実は、フィールドを広げていくとき、最も応用が利くのは、後者の「メソッドの智恵」なのである。

従って、自分のプロフェッショナル・フィールドを広げるとき、まず、自分の持つ「テーマの智恵」と「メソッドの智恵」の両方を「棚卸し」してみる。そのうえで、「メソッドの智恵」を軸に、自分のプロフェッショナル・フィールドを広げていくことを考える。

それが、一つの方法である。

例えば、著者自身も、本来の専門分野は、「テーマ」の観点から見るならば、「エネルギー問題と環境問題」である。大学院で研究したテーマも、そのテーマであり、民間企業の仕事として取り組んだテーマも、そのテーマである。

しかし、現在の著者のプロフェッショナル・フィールドは、「エネルギー問題」でも、「環境問題」でもない。現在の著者のフィールドは、シンクタンクとしての「新たな知の創造」であり、「ビジョンやコンセプトの策定」である。

そして、こうしたフィールドでの「智恵」は、いま振り返ってみれば、大学院の時代に身につけた「研究のスタイル」や、民間企業の時代に修得した「企画力」や『戦略思考』という「メソッドの智恵」が大きなバックボーンになっている。

著者自身、気がついてみれば、「テーマの智恵」ではなく「メソッドの智恵」を軸として、自分のプロフェッショナル・フィールドを広げてきたと言える。

**従って、自分の仕事を「縦」ではなく、「横」にしてみる。**

すなわち、自分のプロフェッショナルとしての力量を、「テーマ」（主題）から見るのではなく、「メソッド」（方法）から見る。

そのことが、自分のプロフェッショナル・フィールドを広げていくとき、一度、深く考えてみるべき価値ある方法であろう。

# 第四話　「アドバイザリー・コミュニティ」の戦略

## 人々の智恵が集まる「コミュニティ」を創り出す

さて、ここまでは、「ネット革命の三つの革命」を追い風とした「個人シンクタンク」への進化の戦略について述べてきた。しかし、その進化の戦略の「最も大きな追い風」となるのは、「ウェブ2・0革命」である。

そこで、ここからは、「ウェブ2・0革命の三つの革命」を追い風とした進化の戦略を語ろう。

**まず最初が、「ウェブ2・0革命」の第一の革命、「衆知創発革命」。**

この革命の結果、誰でも、多くの人々の智恵を集め、新たな智恵を生み出すことができるようになった。

言葉を換えれば、誰でも「衆知」を集め、新たな知の「創発」を起こせるようになった。

では、それは何を意味しているか。

**「個人シンクタンク」が「アドバイザリー・コミュニティ」を持つことができる。**

そのことを意味している。

ここで、言葉に注意していただきたい。

**「コミッティ」ではなく、「コミュニティ」である。**

これまで、従来の「企業シンクタンク」は、しばしば、著名な有識者や専門家をメンバーとする「アドバイザリー・コミッティ」を持ってきた。いわば、「ブレーン」が集まる「委員会」である。

これに対して、「ウェブ2・0革命」の時代に「個人シンクタンク」が持つべきは、多くの草の根の人々をブレーンとする「アドバイザリー・コミュニティ」である。

それは、なぜか。

**「集合知」の時代が始まったからである。**

ここで「集合知」（Wisdom of Crowds）とは、英語の意味通り「群集の智恵」のこと。すなわち、「一人の専門家の知識」よりも、「多くの人々の智恵」こそが、正しい答えを教えてくれる。そうした時代が始まったからである。

もとより、すべての問題に対して、「多くの人々の意見」がかならず正しい答えを教えてくれるわけではない。論理的な思考が求められる問題や、高度な専門知識が求められる問題については、これからも「一人の専門家の意見」が正しい答えを教えてくれるときが多いだろう。

**しかし、現代は、「答えの無い問題」に直面する時代。**

社会の仕組みが複雑化し、人々の価値観が多様化し、社会の変化が加速し、小さなゆらぎが大変動を生み出す。こうした時代においては、社会の直面する問題の多くが、単なる「論理思考」や「専門知識」だけでは、正しい答えを見出すことができない。

むしろ、多くの草の根の人々が抱いている「言葉を超えた感覚」や「言葉で表せない智恵」が、正しい答えの方向を教えてくれる場合が増えている。

この辺りのことは、ジェームズ・スロウィッキーの著書、『「みんなの意見」は案外正しい』（角川書店）などに様々な事例が紹介されているので、興味ある読者は、この本などを参考にしていただきたいが、特に、シンクタンクのように、「見えない未来」を予見し、「新たなビジョン」を提言し、「過去に無いコンセプト」を提案するという「答えの無い問題」に取り組む仕事においては、「多くの草の根の人々の智恵を集め、新たな智恵を生み出す」という方法や、「多くの草の根の人々の感覚や意見を集め、正しい答えの方向を見出していく」という方法は、これから、極めて重要になっていく。

そして、幸いなことに、「ウェブ2・0革命」によって、「多くの人々の智恵が集まるコミュニティ」を創り出すことが、容易にできるようになった。

だからこそ、これからの時代の「個人シンクタンク」は、その周りに、多くの草の根の人々を「アドバイザリー」（智恵の提供者）とする「アドバイザリー・コミュニティ」を生み出すことが、最初の重要な戦略となる。

## 第一の戦略　「読者コミュニティ」を「アドバイザリー・コミュニティ」にする

しかし、このための方法を、決して難しく考える必要はない。

まずは、自分の個人サイトやブログを定期的に訪問してくれる読者、自分のメールマガジンを定期的に読んでくれる読者、自分の主宰するメーリング・リストに参加してくれる読者、そうした読者の集まりである「読者コミュニティ」を、そのまま「アドバイザリー・コミュニティ」と考えれば良い。

そして、自分が問題に直面したとき、智恵を借りたいとき、このコミュニティの全体、もしくは、その中の特定のメンバーに問題を投げかけ、智恵を貸してもらうというスタイルを取ることである。もちろん、この方法で、すぐに優れた「アドバイザリー・コミュニティ」が生まれてくるわけではないが、この取り組みが、まず、最初の一歩である。

ちなみに、著者にとって、こうした「アドバイザリー・コミュニティ」の役割を果たしているのは、定期メールマガジン「風の便り」の読者が集まるコミュニティ、「未来からの風フォーラム」である。

このフォーラムは、「新しい時代の生き方と働き方を学び合うコミュニティ」として設立され、運営されているが、現在、直接的な登録メンバーだけで、一万二〇〇〇名が参加している。そして、この中のアクティブなメンバーの方々からは、著者の著作や講演などについて、しばしば、貴重な意見をいただき、また、こちらからの質問に対して、有益な助言をいただいている。

その意味で、この「未来からの風フォーラム」は、著者にとって、極めて有益な「アドバイザリー・コミュニティ」の役割を果たしているが、しかし、このコミュニティでメンバーの方々から智恵を借りるために、著者が大切にしている心得がある。

## 第二の戦略　「ギブ・アンド・ギブン」の精神を大切にする

この「ギブ・アンド・ギブン」（Give and Given）の精神とは、敢えて日本語で表現すれば、「まず与えよ、されば与えられることもあるだろう」と称すべき精神である。

**すなわち、コミュニティの智恵を借りる前に、まず、率先して智恵を提供する。**

これが、極めて大切な心得である。

なぜなら、インターネットの世界は、それが生まれたときから、「三つ子の魂」のごとく「ボランタリー文化」が根付いており、本来、「ボランタリー精神」が大切にされる世界だからである。

そして、それゆえ、「ネット・コミュニティ」にも、自然に「ボランタリー文化」が根付いており、メンバーには、自然に、「ボランタリー精神」が求められる。

従って、こうしたコミュニティにメンバーとして参加するとき、忘れてはならない大切なことは、「まず、自分から率先してコミュニティに価値ある情報や知識、智恵を提供する」という心構えである。

一九九五年に「ネット革命」が始まって以来、ネット・コマースやイントラネットなど、インターネットの「商業利用」が急速に進んだこともあり、我々は、無意識に「ネット・コミュニティ」というものも、そこから利益や利便をいかにうまく引き出せるかを考える傾向が強まったが、実は、これは、インターネットの本質からするならば、一面的な捉え方に過ぎない。

なぜなら、そもそも、「ネット革命」の本質は「ボランタリー経済」の復活だからである。すなわち、現在の資本主義は、貨幣の獲得を目的に人々が働き、社会が運営されていく「マネタリー経済」が中心となっているが、経済の世界には、こうした「マネタリー経済」の世界だけでなく、相手が喜んでくれることを目的として、善意や好意によって、自発的に智恵や労働が提供され、社会が運営されていく「ボランタリー経済」の世界がある。そして、「ネット革命」は、いま、社会における、この「ボランタリー経済」を大きく広げ、その影響力を強めているのである。

このことは、近著『これから何が起こるのか　「ウェブ2・0革命」が資本主義のすべてを変えていく』（PHP研究所　二〇〇六年）に詳しく書いたことであるが、そうした背景から、「ネット革命」によって生まれてきた「ネット・コミュニティ」においては、「ボランタリー精神」が大切にされ、逆に、「智恵のただ取り」の精神や、「コミュニティを自分の利益のために利用する」という発想は、多くのコミュニティ・メンバーから疎まれるのである。

例えば、こうしたコミュニティ・メンバーの「ボランタリー精神」によって成功したプロジェクトの代表が、コンピュータの基本ソフト「リナックス」のオープン・ソース手法

## 「メンバー同士の共感」である。

そのコミュニティのメンバーの間に「共感」が生まれていること。それが大切な条件である。

例えば、著者は、社会人大学院の教授として「社会起業家論」の講座を持っているが、その受講生をメンバーとする「メーリング・リスト」を運営している。

この「メーリング・リスト」も、著者にとっては、密やかに、優れた「アドバイザリー・コミュニティ」である。なぜなら、このコミュニティでは、毎年、毎学期、受講生同士が深く共感し合い、様々な仕事の体験談と深い智恵が交換されているからである。

このコミュニティにおいては、一学期、半年間という短い期間であるにもかかわらず、極めて密度の濃いコミュニケーションがなされる。そのため、一人ひとりの受講生が、急速に人間的な脱皮と成長を遂げていかれる。そして、それは、同時に、教授の立場の著者にとっても、深い智恵の学びを得る、素晴らしい機会となっている。

しかし、ここまで読まれた読者には、一つの疑問が浮かんでいるだろう。

**では、どうすれば、コミュニティにおいて「共感」が生まれるのか。**

この問いに対しては、ふたたび「逆説的」な答えを述べさせていただこう。

**コミュニティの主宰者は、メンバーの間に「共感を生み出そう」と思ってはならない。**

それが大切な心得である。

第二部・第二話において、「感動」という言葉は、「一人称」で使うべき言葉であると述べたが、同様に、「共感」という言葉も「一人称」で語るべき言葉である。

すなわち、「メンバーの共感を生み出す」ではない。

**まず自ら、「メンバーに、深く共感する」。**

そのことが、コミュニティに「共感」が生まれるために、最も大切な心得である。

## 第三の戦略　「共感」という言葉の本当の意味を理解する

では、メンバーに「共感」するとは、何か。
コミュニティのメンバーに対して、自ら深く「共感」するとは、いかなる意味か。
ここでも、最も大切な心構えを述べよう。

**深い「縁」を感じること。**
**その「縁」を大切にすること。**

それが、最も大切な心構えである。
こう述べると、「ネット革命」という歴史の最先端の世界に対して、場違いな「古い価値観」が語られていると感じる読者がいるかもしれない。

しかし、実は、それが「ネット革命」の素晴らしさではないか。

「ネット革命」以前の時代ならば、
決して「縁」を得ることのなかった人々と、巡り会える。
「ネット革命」以前の時代ならば、
決して「触れ合う」ことのできなかった人々と、深いメッセージの交換ができる。

それこそが、「ネット革命」の素晴らしさではないか。

そして、それゆえにこそ、「ネット・コミュニティ」の主宰者に、最も深く問われているのは、その「縁」や「触れ合い」への感動や感謝を抱いているかであろう。

世の中の「ネット・コミュニティ」を見ていると、一つの違いがあることに気がつく。

**「温かいコミュニティ」と「冷たいコミュニティ」**

その違いである。

では、その違いは、どこから生まれるのか。

**不思議なことに、コミュニティの主宰者の「心の姿」が、そのまま表れる。**

主宰者の「パーソナリティ」や「人間性」、さらには、その「人間力」が「コミュニティ」に、在りのままに映し出される。

なぜなら、コミュニティとは、その中心に立つ人間の「人間力」を映し出す「鏡」だからである。

では、それは、コミュニティの主宰者にとって、厳しいことか。辛いことか。

そうではない。

**だから、コミュニティの主宰者は、成長できる。**

著者自身も、いまだ一人の未熟な人間として、成長の道を歩んでいる。

それゆえ、「未来からの風フォーラム」や「大学院メーリング・リスト」などの「ネット・コミュニティ」を主宰することが、大きな成長の糧になっている。

その根底にあるのは、コミュニティのメンバーとの「縁」に対する、感謝である。

## 第五話　「ムーブメント・プロジェクト」の戦略
### 人々の行動を集めて「ムーブメント」を創り出す

さて、次は、「ウェブ2・0革命」の第二の革命、「主客融合革命」。

この革命の結果、情報の「発信者」と「受信者」、商品の「生産者」と「消費者」、ビジネスの「企業」と「顧客」は、その区別が曖昧になっていき、互いに融合しあっていく。

特に、この革命によって、まず最初に起こるのは、情報の「発信者」と「受信者」の融合である。

では、その結果、何が起こるのか。

「共鳴行動」（ムーブメント）である。

すなわち、これまでの社会では、マスメディアという「巨大情報発信者」が、一方向のメッセージを大量に発信し、それを「個別情報受信者」である一般の人々が、受動的に受け止めるという構図だった。従って、仮に、マスメディアから人々の共感が生まれるような情報が発信されても、それぞれの受信者が感動し、共感して終わりであった。起こっても、社会の片隅の、小さな「口コミ効果」だけであった。

**しかし、「ウェブ2・0革命」以降は、この構図が根本的に変わった。**

「草の根メディア革命」によって、誰もが情報発信者になれる時代を迎え、「主客融合革命」によって、情報受信者が、ただちに情報発信者になる時代を迎えた。

誰もが、共感が生まれるようなメッセージを発信でき、もし、そのメッセージの受信者が、感動し、共感するならば、そのメッセージが転送、転載、引用、紹介され、短期間に、社会全体に、大きな「共感」と「共鳴」の輪が広がるようになった。

すなわち、「ネット革命」と「ウェブ2・0革命」によって、草の根の人々でも、社会全体に、大きな「共感現象」(シンパシー)と「共鳴行動」(ムーブメント)が起こせるようになったのである。

そのことを象徴するのが、あのメッセージであろう。

**「世界が、もし一〇〇人の村だったら」**

この一通のメールによるメッセージは、瞬く間に世界中に広がり、多くの人々の共感を引き起こし、世界中で、様々な形での人々の行動を生み出していった。

では、このことは、「個人シンクタンク」にとって、何を意味しているのか。

**「個人シンクタンク」でも、世の中に大きな「ムーブメント」を起こすことができる。**

そのことを意味している。

すなわち、「ウェブ2・0革命」の時代には、巨大なマスメディアでなくとも、また、大企業や大組織でなくとも、もし、発信するメッセージが、多くの人々の「共感現象」(シンパシー)を呼ぶものであるならば、世の中に大きな「共鳴行動」(ムーブメント)を起こせるのである。

そして、このことは、「個人シンクタンク」にとって、もう一つ画期的なことを意味している。

**「シンクタンク」（Think Tank）が、「ムーブタンク」（Move Tank）へと進化する。**

これは、どういうことか。

**実は、時代の変化とともに、「シンクタンク」も進化していくのである。**

まず、当初、「シンクタンク」は、調査、分析、予測、評価、提言、という形で、世の中に対して「変革の提言」を行う組織として設立された。

しかし、社会からの要請は、単に「変革の提言」だけでなく、実際にその「変革の実行」をすることに向かっていった。

こうした時代の要請の中で、「シンクタンク」は、「シンク」（思考する）という社会的機能だけでなく、「ドゥー」（実行する）という社会的機能を身につけてきた。

その典型的なシンクタンクが、かつて著者が在籍した米国のバテル記念研究所である。

この研究所は、単に技術の未来についてのビジョンを提示したり、技術開発についての政策を提言するにとどまらず、実際に様々な大型技術や先端技術の開発を行い、米国の国立研究所の運営まで行っている。

そして、このバテル記念研究所での経験から、著者は、自身が創設に参画したシンクタンク、日本総合研究所においては、「産業インキュベータ」のビジョンを掲げ、異業種連合（コンソーシアム）という手法を使って、具体的な技術や事業の開発、市場と産業の創出に取り組む「インキュベータ」、すなわち「ドゥータンク」としての活動を行ってきた。

その結果、この「ドゥータンク」のコンセプトは、いまでは、多くのシンクタンクが採用している。

では、この「シンクタンク」の進化は、これからどこに向かうのか。


**それが、「ムーブタンク」のビジョンである。**

すなわち、これからの「ウェブ2・0革命」の時代には、「シンクタンク」は、社会に対して「変革の提言」を行う「シンクタンク機能」や、その「変革の実行」に取り組む「ドゥータンク機能」だけでなく、この社会において、多くの人々が様々な課題に取り組み、社会の変革を実現していく「変革の運動」（ムーブメント）を生み出す「ムーブタンク機能」を身につけていく。

では、どうすれば、「個人シンクタンク」が、多くの人々が参加する「変革の運動」、「ムーブメント」を生み出すことができるのだろうか。そして、「シンクタンク」から「ムーブタンク」へと進化していくことができるのだろうか。

これも、難しく考える必要はない。

「ムーブメント」を生み出すといっても、最初から大きな社会的課題に取り組む必要はない。目の前の小さな具体的な課題に取り組むだけで良い。その課題が、もし社会が解決を求めているものであるならば、その小さな運動は、かならず大きな運動になっていく。

それは、なぜか。

「ウェブ2・0革命」の時代には、それが起こるからである。

ウェブを通じて、多くの人々の間で共感が広がり、共鳴が起こることによって、小さな運動が、自然に、大きな運動になっていく。

それは、ときに、あの現象さえも生み出していく。

**「バタフライ効果」**

これは、現代科学の最先端の「複雑系」の研究において使われる言葉であり、「北京で蝶々が羽ばたくと、ニューヨークでハリケーンが起こる」との喩えで語られる現象である。

すなわち、内部の相互連関性が高まった「複雑系」と呼ばれるシステムにおいては、システムの片隅の、ごく小さな「ゆらぎ」が、システム全体に、極めて大きな「変動」を生み出す。その現象が、「複雑系」の研究においては、「バタフライ効果」と呼ばれている。

そして、実は、「情報革命」の一つの本質は、企業や市場や社会の「複雑系」としての性質を強めていくことであり、情報革命の進展にともなって、企業や市場や社会においては、この「バタフライ効果」が極めて起こりやすくなっていく。

そして、その性質をさらに強めたのが、情報革命の最先端、「ウェブ2・0革命」に他ならない。それゆえ、この革命は、たった一人のメッセージが、社会全体に大きな変革をもたらすことさえ現実とするだろう。

それゆえ、もう一度申し上げたい。

**「個人シンクタンク」でも、世の中に大きな「ムーブメント」を起こすことができる。**

では、「個人シンクタンク」が、世の中に「ムーブメント」を起こす「ムーブタンク」へと進化するために、どのような戦略を取るべきか。

次に、そのことを述べよう。

## 第一の戦略　まず、「ムーブメント・コミュニティ」を生み出す

最初に行うべきことは、「個人シンクタンク」が専門分野とする領域で、世の中にどのような「変革のムーブメント」が生まれるべきか、そのビジョンを掲げ、「ムーブメント・コミュニティ」を作り出すことである。

しかし、この「ムーブメント・コミュニティ」は、単に仲間が集まって一緒に何かの「アクション」を起こす「アクション・コミュニティ」ではない。そうしたコミュニティは、すでに、いま、全国に急速に増えている。

例えば、環境リサイクルの問題に取り組むNPOは、全国に数多く活動している。そして、そのNPOの周りには多くの人々の集まるコミュニティが存在している。

では、「ムーブメント・コミュニティ」とは何か。

**そうした「アクション・コミュニティ」が集まった「メタ・コミュニティ」である。**

言葉を換えれば、「コミュニティ・オブ・コミュニティ」とでも呼ぶべきものであり、

先ほどの環境リサイクルの例で言えば、全国の環境リサイクルに取り組むNPOのキーメンバーが集まり、情報と意見の交換を行い、それぞれのNPOサイトが集まった「環境リサイクル・ポータルサイト」を創り、互いのサイトやブログをリンクやトラックバックし合い、メールマガジンを交換し合う「メタ・コミュニティ」である。

すなわち、「ムーブメント・コミュニティ」とは、世の中で活動する様々な「アクション・コミュニティ」が、一つのテーマの下に集まり、世の中に大きな「ムーブメント」を生み出していくものである。

このことを、いま、著者が代表を務めるシンクタンク・ソフィアバンクが運営しているムーブメント・コミュニティ、「社会起業家フォーラム」を例として、説明しよう。

この「社会起業家フォーラム」は、二〇〇三年七月に設立され、現在、国内外で八〇〇〇名のメンバーが活動する「社会起業家」の集まりであるが、実は、その多くのメンバーが社会起業家として、ソーシャル・ベンチャーやNPO、ボランティア団体などの「アクション・コミュニティ」を運営している。

そして、この「社会起業家フォーラム」のサイトには、メンバーである社会起業家のサイトが集まっており、まさに「社会起業家のポータルサイト」であり、「コミュニティ・オブ・コミュニティ」を形成している。

また、定期的に発行する社会起業家フォーラムのニュースでは、それぞれの社会起業家が行うイベントの告知と案内を行い、互いに他の社会起業家のイベントに参加し、触れ合い、学び合い、協力し合う機会を設けている。そして、サイトとニュースの双方で、新たに参加したメンバーの紹介を行っている。

これが、現在、シンクタンク・ソフィアバンクが取り組んでいる「ムーブメント・コミュニティ」の事例である。

しかし、こう述べると、「個人シンクタンク」の活動としては、かなりの労力が求められると思うかもしれないが、決して、そうではない。

**なぜなら、「コミュニティ」には、それ自身の「生命力」というものがあるからである。**

すなわち、ひとたび「生命力のあるコミュニティ」を創り出せば、その「生命力」によって、コミュニティは、自然に大きく広がり、力を強め、内容が深まっていくからである。

従って、「個人シンクタンク」が「ムーブメント・コミュニティ」を創り出し、世の中に一つの「ムーブメント」を生み出すためには、まず、その「個人シンクタンク」の専門分野での活動を行っている様々なコミュニティの「情報」が集まる「ポータルサイト」を創り出し、そのうえで、それぞれのコミュニティのキーパーソンが情報や意見の交換を行う「コミュニティ・オブ・コミュニティ」を生み出すことで、第一歩は十分なのである。


では、どうすれば、そうして生み出したコミュニティを「生命力のあるコミュニティ」にしていくことができるのか。

次に、そのための三つの戦略を述べよう。

## 第二の戦略　コミュニティを「学びと成長のコミュニティ」にする

まず、コミュニティが自らの力で大きく広がっていく「生命力」を持つためには、そのコミュニティに、多くの人々が参加してくれることが必要である。

しかし、ただ参加者を増やすためだけに「参加資格」を緩めていくと、あまり意識の高くない人々も「気軽」に参加し、そのコミュニティの「意識レベル」が低下していく。

けれども、コミュニティの「意識レベル」を高めようと考え、「参加資格」を厳しくしていくと、多くの人々が参加できず、コミュニティとしての広がりが生まれてこない。

この「矛盾」のようにも思える問題を解決する、一つの戦略がある。

**コミュニティを「学びと成長のコミュニティ」とすることである。**

すなわち、コミュニティには、比較的緩やかな資格で参加できるが、参加者は、高い意識を持ったメンバーの姿に学びながら、自身の意識を高め、成長し、具体的な行動に取り組んでいくという「学びと成長」のプロセスを重視したコミュニティにすることである。

このことによって、コミュニティの参加者が増えていくことと、コミュニティの高い意識レベルを保つということを、両立することができる。

例えば、「社会起業家フォーラム」は、先進的な活動を行っている社会起業家も数多く参加しているが、その参加資格そのものは、「ソーシャル・ベンチャーやNPOを運営している人」に狭く限定せず、「働いている組織、役職、分野を問わず、現在の自分の仕事を通じて、この社会を少しでも良きものに変えたいと考える人」という緩やかな基準を参加資格としている。

その結果、この「社会起業家フォーラム」には、大企業や官庁・自治体に勤めている人から病院や学校に勤めている人まで、現役を退いた高齢者から若い学生まで、そして、ビジネスパーソンからアーティストまで、実に幅広く、多くの人々が参加している。

しかし、その一方で、多くの人々が、その参加に際して、「自分も、近く、社会起業家として何かを始めたい」「このフォーラムの社会起業家の方々から色々と学びたい」「社会起業家という言葉に強く惹かれたので、これからの進路の参考にしたい」といったメッセージを表明して参加している。現在、まだ社会起業家としての活動を行っていないメンバーが参加するにもかかわらず、このコミュニティの高い意識レベルが維持されるのは、参加メンバーの多くが、こうした「行動への決意」と「学びと成長への意欲」を語って入ってくるからであろう。

すなわち、この「社会起業家フォーラム」は、「社会起業家が集まり、情報と意見を交換するコミュニティ」であるだけでなく、「社会起業家への学びと成長をめざすコミュニティ」にもなっているのであり、それが、このコミュニティの「生命力」となっている。

## 第三の戦略　「アクティブ・キーパーソン」をパートナーに迎える

しかし、コミュニティの「生命力」を高めるためには、これと対極にある、もう一つの戦略も重要である。

それは、「アクティブ・キーパーソン」をコミュニティのパートナーに迎えるという方法である。ここで「パートナー」とは、この「ムーブメント・コミュニティ」の求心力になるシンボリックなメンバーであり、「社会起業家フォーラム」には、現在、一六名のパートナーがいる。

では、「アクティブ・キーパーソン」とは何か。

それは、コミュニティを活性化し、その「生命力」を高めていく、次の「三つの条件」を持ったキーパーソンである。

**第一の条件　多くの人々の集まる「コミュニティ」を主宰し、運営している。**
**第二の条件　広い「キーパーソン・ネットワーク」を持っている。**
**第三の条件　大きな影響力の「ネットメディア」を持っている。**

この第一の条件は、このキーパーソンが運営するコミュニティから、この「ムーブメント・コミュニティ」に多くの人々の参加が期待できるからであり、第二の条件は、影響力を持ったキーパーソン同士の結びつきから、この「ムーブメント」が広がることが期待できるからである。そして、第三の条件は、影響力の大きなネットメディアを通じて、この「ムーブメント・コミュニティ」の存在と活動を多くの人々に認知してもらうことが期待できるからである。

実際、「社会起業家フォーラム」は、一六名のパートナーがそれぞれ運営するコミュニティからも数多くのメンバーが参加し、また、パートナーが他のキーパーソンにこのフォーラムを紹介する活動も活発に行われている。さらに、パートナーが発信するメールマガジンで、このフォーラムの存在を知って参加してくるメンバーも少なくない。

特に、ネットメディアでの紹介は、マスメディアの目につくことも多く、それが「社会起業家フォーラム」が、マスメディアで紹介されることが増えている理由でもある。

## 第四の戦略　この社会を変えるための「ビジョンと志」を語る

さて、最後の戦略は、本来、「第一の戦略」として語るべき、最も重要なものである。

それは、何か。

**ムーブメント・プロジェクトの「ビジョンと志」を語る。**

すなわち、その「ムーブメント・コミュニティ」が、そのムーブメントを通じて、社会の何を変えようと願っているのか、何を実現しようと思っているのか。そのことを、プロジェクトの明確な「ビジョンや志」として語るということ。

そして、もし、そのビジョンが魅力的であり、その志が多くの人々の共感を生み出すものであるならば、そのコミュニティには、かならずメンバーの心に「求心力」が生まれ、コミュニティが活性化し、大きく広がっていく「生命力」が生まれる。

例えば、「社会起業家フォーラム」は、「日本型社会起業家」という言葉とともに、「すべての働く人々が社会起業家となる時代」というビジョンを掲げ、活動している。

このビジョンや志は、フォーラムのサイトでも、「社会起業家フォーラム宣言」として、文章と音声で広く世の中に発信されている。

実は、この「社会起業家フォーラム」は、当初、五〇〇名程度のメンバーを想定して設立した。しかし、現在、国内外から八〇〇〇名のメンバーが集まり、さらに増え続けていることを見るならば、そして、いま、多くのマスメディアが「社会起業家」という働き方に注目し始めていることを見るならば、改めて、一つの確信を抱く。

これからの時代には、「個人シンクタンク」でも、それらが集まってネットワークとコミュニティを形成し、協働して「ムーブメント・プロジェクト」を展開していくならば、世の中に、意味のある「ムーブメント」を生み出すことができる。

その確信である。

# 第六話　「パーソナリティ・メッセージ」の戦略

## 自分の「パーソナリティ」を発信する

**最後が、「ウェブ2・0革命」の第三の革命、「感性共有革命」。**

この革命の結果、「写真」や「映像」、「音楽」や「音声」を自由に共有できるようになり、言葉で表せない「感動」や「感情」、「感覚」や「感性」が、自由に伝えられるようになった。

では、その結果、何が起こるのか。

様々なことが起こるが、「個人シンクタンク」への進化を考えるとき、最も重要なことを述べておこう。

「パーソナリティ」を伝えられるようになる。

このことが、最も重要な変化になっていくだろう。
しかし、こう述べると、次のような疑問を持つ読者がいるかもしれない。

「しかし、これまでも、個人サイトでは、人柄が伝わってくるエッセイを載せたり、ブログでは、内面を吐露した日記を公開したり、多くの人が、自分のパーソナリティを伝えているのではないか」

たしかにそうなのだが、これまで、そのエッセイや日記は、いずれも「文章」として表現されたものであった。もちろん、「文章は人なり」の言葉があるように、「文章」からもその著者の人柄やパーソナリティは伝わってくるが、やはり、「音声」や「映像」に比べると比較にならない。

以前、著者がラジオ日経において、初めて「カフェ・ソフィア」という番組の「パーソナリティ」を務めたとき、担当のディレクターから言われた言葉が、心に残っている。

「ラジオは、心の動きがそのまま伝わりますからね……」

そして、何年かその番組を務めて、たしかに、その言葉は真実と思う。

ラジオという「音声メディア」は、「文章メディア」と違って、声のトーンや強弱、言葉の速さやリズム、ニュアンスや余韻、言葉の間や沈黙などを通じて、実に細やかに心の動きを伝えるメディアなのだ。いや、「伝えてしまうメディアなのだ」と言うべきか。

また、「映像メディア」も、言葉や声に加えて、表情、顔色、眼差し、目の配り、仕草、癖、身振りなどを通じて、実に細やかにその人の人柄や人間性、パーソナリティを伝えるメディアなのである。

しかし、これまで、こうしたことは、テレビやラジオなどのマスメディアに出演する人間だけが心得ておけば良いことであった。

ところが、「ウェブ2・0革命」によって、状況が変わった。

これからは、このことが、世の中にメッセージを発信するすべての人々にとって、大切な心得になってくる。

なぜなら、「ウェブ2・0革命」によって、「文字メディア」だけでなく、「音声メディア」や「映像メディア」を使って世の中にメッセージを発信することが、極めて容易にできるようになったからだ。具体的には、サイトやブログで「ネットラジオ」や「ネットテレビ」を容易に放送できるようになったからだ。

例えば、企業サイトでの「社長メッセージ」を考えてみよう。

世の中の企業サイトでは、多くの場合、経営トップの社長から顧客へのメッセージが、「社長からの挨拶」や「社長が語る当社の理念」などの形で載せられている。その内容は、大半が、麗々しい社長の写真とともに、広報部が作成した格調の高い挨拶文が載せられたものである。しかし、こうした写真と挨拶文を読んでも、その企業の公式のメッセージは伝わってくるが、当然ながら、その社長の人柄や人間性、パーソナリティは伝わってこない。

しかし、「ウェブ2・0革命」の時代には、この状況が劇的に変わる。

この企業サイトでの「社長メッセージ」を、ネットテレビを使い、社長が直接メッセージを語る姿を「動画」で載せることができるようになったからである。

実際、すでにいくつかの先進的な企業では、企業サイトで、社長がインタビューに答え、消費者や投資家に直接語りかける「動画」を流し始めている。

そして、こうした「映像メディア」でのメッセージは、それを語る社長の人柄や人間性、パーソナリティが、さらには、そのリーダーシップや信念が、言葉を超えてそのまま伝わってくるため、それを観る消費者や投資家からは歓迎されている。

**なぜなら、消費者や投資家は、やはり「経営トップの人間性」を知りたいからだ。**

長い歴史を持つ「老舗」や、社会の信頼を得た「大企業」が、様々な不祥事を起こし、世の中の信頼を裏切る時代において、人々の関心や信頼は、「法人」という掴みどころの無いものよりも、やはり具体的な「個人」としての経営トップや社員に向かう。

それゆえ、こうした、経営トップが「動画」を通じて、消費者や投資家に語るというスタイルは、まもなく、企業の広報戦略やIR戦略にとっての「常識」になっていくだろう。逆に言えば、経営トップが消費者や投資家に直接、自分の声で、自分の素顔で語りかけることをしない企業は、「不透明な企業」と思われる時代が来るだろう。

そして、このことは、従来の日本企業の経営トップに多く見られた、「自分は、人前で話をするのが下手で、苦手だから」とか「自分は地味な性格で、あまり目立つことをしたくないから」という言い訳を許さない流れになっていく。実際、消費者や投資家が見たいのは、「社長の雄弁さ」でも「社長の華麗さ」でもない。「社長の人柄」や「社長の人間性」を見たいのである。そして、訥弁《とつべん》でも、地味でも、経営者の人柄や人間性が優れたものであるならば、それは、ありのままに伝わるのである。

そして、こうした流れは、企業の経営者だけにとどまらない。

これから企業サイトの「リクルート情報」や「人材採用」のコーナーにおいては、やはり「動画」を通じて、人事部長が社外の人材に語りかけなければならず、また、その企業で活躍する中堅社員や若手社員が、就職を考える学生たちに語りかけることになっていくだろう。

さらに、それは、弁護士や税理士、医者やコンサルタントなどの職業にも広がっていく。

これまで、事務所や医院のホームページなどでは、多くの場合、見栄えの良い写真と美辞で語られた勧誘のメッセージが書かれていたが、これからは、その弁護士や医者が「動画」を使い、直接、クライアントや受診希望者に語りかけるということが行われるだろう。そして、クライアントや受診希望者は、その「動画」から、その弁護士や医者の人柄や人間性を感じ取り、選択をしていくことになるだろう。

では、こうした動きは、何を意味しているのか。

## 「パーソナリティ」の時代が始まる。

そのことを意味している。

「ウェブ2・0革命」によって、我々は、ネットを通じての「動画」や「音声」によって、自分の「パーソナリティ」を伝えることができるようになった。

そして、「できるようになった」ということは、それが多くの人々が求めるものである限り、早晩、「しなければならなくなる」ということを意味している。

その流れは、明らかであろう。

多くの人々は、本来、一人の人間のメッセージを聴くとき、理路整然と作文された「整えられたメッセージ」よりも、その人物の人柄や人間性が伝わってくる「生きたメッセージ」が聞きたいのである。

そして、それが時代の流れであるならば、弁護士や税理士、医者やコンサルタントと同様、すべてのプロフェッショナルに、世の中に対して、自分の「パーソナリティ」を表現することが求められるようになる。

では、プロフェッショナルは、専門分野の「プロフェッショナル」としてのメッセージを発信するだけでなく、いかにして、自分の「パーソナリティ」をメッセージとして発信するか。

これも、難しく考える必要はない。

その戦略を、次に語ろう。

## 第一の戦略　個人サイトやブログで「ネットラジオ局」を始める

「個人シンクタンク」が自分の「パーソナリティ」を世の中にメッセージとして発信するために、最も適したメディアは、「インターネット・ラジオ」である。

では、なぜ、「ネットラジオ」であり、「ネットテレビ」ではないのか。

ここでは、三つの理由を挙げておこう。

第一は、「ネットラジオ」は、メッセージの制作と編集が容易であり、誰でも、すぐにサイトやブログに「ネットラジオ局」を開局し、メッセージを放送できるからである。実際、市販のＩＣレコーダーが一つあれば、かなり音質の良いメッセージを簡単に収録できる。これに対して、「ネットテレビ」は、その制作と編集に手間と時間がかかり、ビデオカメラなど機材もそれなりに必要となる。その意味で、「ネットラジオ」は、「個人シンクタンク」でも容易に開局できるという特長がある。

第二は、「ネットラジオ」は、聴き手が「ハンドフリー」で聴くことができるため、通勤の途上やドライブの最中、単純な作業をしながらなど、比較的、場所と時間を選ばずにメッセージを受け取ることができるからである。これは、聴き手にとっては「すきま時間」を有効活用できるというメリットでもあるが、それ以上に語り手にとっては、「深く語り込める」という特長となる。

一方、「ネットテレビ」の場合は、映像と音声という情報量の多さが魅力である反面、一人の人物が深く語り続ける言葉を、テレビを観ながら聴き続けることはかなりの苦痛を伴う。これに対して、「ネットラジオ」の場合には、他の単調な仕事をしながら、深く耳を傾け、「傾聴」することが容易である。

第三は、「ネットラジオ」は、いま、急速に広がっている・iＰｏｄなどによる「ポッドキャスティング」のシステムを活用できるため、登録したメンバーには、自動的に配信されるという利点があり、ダウンロードした音声ファイルを、友人や知人に転送するということも容易であるため、ウェブの世界での伝播力も期待できる。

この「ポッドキャスティング」のライフスタイルやワークスタイルは、今後、さらに広がっていくと予想され、「ネットラジオ」の番組についても、携帯プレイヤーにダウンロードしておき、通勤時間や休憩時間などの「すきま時間」を活用して聴くというスタイルが広がっていくだろう。

いずれにしても、昔から、深夜ラジオなどで、語り手を「パーソナリティ」と呼んできたように、ラジオというメディアは、その語り手の「パーソナリティ」が伝わり、全人的なメッセージが届くメディアに他ならない。

ちなみに、著者が代表を務めるシンクタンク・ソフィアバンクでは、こうした考えのもとに、二〇〇六年六月から、シンクタンクとして初の試みである「ソフィアバンク・ラジオ・ステーション」を開局し、講演記録、対話、インタビュー、独り語りなど、毎月一〇本のラジオ番組を放送している。また、この「ソフィアバンク・ラジオ・ステーション」では、次の進化への試みとして「ネットテレビ」も放送している。

## 第二の戦略　メッセージを「語る」スタイルを身につける

さて、こうして「ネットラジオ局」を開局したならば、この場を使って磨くべきは「語る力」であり、身につけるべきは「語りのスタイル」である。

これまでの時代には、よく「私は、人前で話すのが苦手でして」という人が少なくなかった。そして、マネジャーになって、朝礼などで部下の前で話をするのに苦労する人を、しばしば見かけた。

**しかし、これは、決して「才能」の問題ではなく、「機会」の問題に過ぎない。**

日本の学校教育においては、「書く力」については、色々と問題が指摘されながらも、作文の時間や論文の試験など、その力を磨く機会は、比較的多くあった。

これに対して、「語る力」については、そもそも、その力を磨く機会は、あまりなかったのである。

しかし、改めて言うまでもなく、これからの「ウェブ2・0革命」の時代は、「書く力」だけでなく、「語る力」も、それなりの能力が求められる。

その意味で、そもそもプロフェッショナルは、自身の「語る力」を磨くためにも、こうした「ネットラジオ局」を開局することが望ましい。

それを何人が聴いてくれているかも大切であるが、それ以前に、こうした場を自分で設け、短い時間で、魅力的にリスナーのためになる話をするという修練を、自らに課すべきであろう。

特に、「ネットラジオ」の場合は、ポッドキャスティングでダウンロードする状況や、「すきま時間」で聴くといった状況を考えるならば、一つの番組の長さは、理想的には

「五分間」、長くて「一五分間」である。そして、この時間の長さは、実は、「話術」というものを身につけるには最適の修練のユニットである。

例えば、著者は、仕事柄、講演を依頼されることも多いが、たとえ九〇分間の講演でも、基本は、五分間の話の積み重ねで行っている。講演というものは、五分間話をして、聴衆が「聴いて良かった」と思ってくれなければ、決して満足度の高い講演にはならない。従って、九〇分間の講演も、実は、五分間のミニ講演の連続に他ならないのである。

これからの時代、すべてのプロフェッショナルには、「書く力」だけでなく、「語る力」が求められるようになる。その「語る力」を修練するためにも、「ネットラジオ局」を開局することは、その良い修練の「機会」を創ることになる。そして、その修練は、プロフェッショナルが「個人シンクタンク」への進化をめざすために、不可欠の修練でもある。

## 第三の戦略　「イメージ・コミュニケーション」を重視する

このように、「ウェブ2・0革命」の時代には、「ネットラジオ」というメディアを通じて、自分の「パーソナリティ」を世の中に発信することができるが、プロフェッショナルが「パーソナリティ」を表現するために、もう一つ心がけておくべきことがある。

**それは、「イメージ・コミュニケーション」を重視することである。**

すなわち、「ウェブ2・0革命」によって、誰でも、個人サイトやブログで、「写真」や「映像」も容易に表示できるようになった。また、「音楽」を流すことも自由にできるようになった。

その結果、我々は、自分の感性や感覚が惹かれる「写真」や「映像」や「音楽」を個人サイトやブログで表示したり、放映したり、流したりすることによって、自分の「パーソナリティ」を「言葉」を使わずに表現することもできるようになった。

そして、こうした「感覚」や「イメージ」を使ったコミュニケーションは、誰でも無意識に行っていることであるが、「個人シンクタンク」をめざすプロフェッショナルは、こうした表現を、自覚的に行っていくべきであろう。

なぜなら、これからの時代の「シンクタンク」は、単に「理論」と「知識」だけでメッセージを発信するのではなく、「感覚」と「イメージ」でメッセージを発信していくことが求められるからである。
言葉を換えれば、「文章」や「音声」などの「考えるメディア」だけでなく、「写真」や「映像」や「音楽」などの「感じるメディア」を使って、メッセージを伝えるスタイルを身につけていく必要がある。

それは、なぜか。
敢えて、著者の直観的なビジョンを述べよう。

おそらく、「ウェブ2・0革命」の時代には、「シンクタンク」は、「ムーブタンク」への進化に加え、もう一つの進化を遂げていく。

「シンクタンク」（Think Tank）から「フィールタンク」（Feel Tank）へ。

その理由は、明確である。
いま、この二一世紀初頭、我々の社会が直面する様々な問題を解決するためには、社会の「知のパラダイム」を、「考える」（シンク）ことから、「感じる」（フィール）ことへと重点を移さなければならないからである。

いま、我々の社会が様々な問題に直面しているのは、「考える力」以上に、「感じる力」が衰えているからに他ならない。

例えば、地球環境問題。

この問題の解決のために、しばしば語られる「地球に優しく」という言葉。それは、人々に対して、「自然の大切さ」を「考える」こと以上に、「感じる」ことを呼びかけている言葉である。

また、例えば、高齢社会の問題。

この問題も、その本当の解決のためには、単なる「制度」の導入や、「サービス」の拡充だけでは不十分である。その解決のためには、何よりも、高齢者に対する思いやりや、家族における支え合い、地域での助け合いなど、家族、地域、社会における人間同士の「共感」を広げていかなければならない。

# 終話　プロフェッショナルにとって「最高の戦略」とは何か

さて、第二部においては、「六つの戦略」を述べた。

プロフェッショナルは、「ネット革命」と「ウェブ2・0革命」を追い風として、どうすれば「七つのシンクタンク力」を身につけ、「個人シンクタンク」へと進化していくことができるのか。そのことを、次の「六つの戦略」として述べた。

第一「情報バリアフリー革命」を追い風とした「コンセプト・ベース」の戦略
第二「草の根メディア革命」を追い風とした「パーソナル・メディア」の戦略
第三「ナレッジ共有革命」を追い風とした「プロフェッショナル・フィールド」の戦略
第四「衆知創発革命」を追い風とした「アドバイザリー・コミュニティ」の戦略
第五「主客融合革命」を追い風とした「ムーブメント・プロジェクト」の戦略
第六「感性共有革命」を追い風とした「パーソナリティ・メッセージ」の戦略

読者は、この「六つの戦略」について、十分に理解されたのではないだろうか。

そこで、この終話においては、この「六つの戦略」を貫く、最も大切なことを述べておこう。

**「心得」である。**

それは、これら「六つの戦略」を実行していくとき、プロフェッショナルが、その根底に抱くべき、最も大切な「心得」である。

そして、それは、プロフェッショナルにとって、最も大切な「心得」であるとともに、ある意味で、いかなる戦略にも優る、「最高の戦略」でもある。

では、その「心得」とは、何か。

しかし、我々が、もし、一人のプロフェッショナルとして、一人の「個人シンクタンク」として、その活動において、この「個人ブランド」という言葉に突き当たるときがあるならば、何よりも、この「ブランド」という言葉の「原点」に戻るべきであろう。

その「原点」とは、何か。

**それが、「信頼」(trust)である。**

すなわち、「ブランド」とは、本来、その企業の商品やサービスに対する「こだわり」に対して、多くの人々が「信頼」を寄せたことから、結果として、自然に生まれてきたものだからである。

例えば、「ベンツ」や「ボルボ」という自動車メーカーの「ブランド」。

それは、衝突実験で無数の車を壊しながら、徹底的な安全性を追求した、その「こだわり」から生まれている。すなわち、多くのユーザーが、その「こだわり」に寄せた「信頼」から自然に生まれてきたのが、これらの企業の「ブランド」に他ならない。

そのことを理解するならば、プロフェッショナルが、この「信頼」ということを考えるとき、何よりも深く見つめるべきは、自分という一人のプロフェッショナルの中にある「こだわり」である。

**自分は、仕事において、何に「こだわって」いるか。**

そのことを問うべきであろう。

しかし、この問いは、難しい問いでもある。

なぜなら、この問いは、単なる「信念」を問うている問いではないからだ。

この問いは、一つのことを、深く問いかけてくる。

# 謝辞

最初に、ＰＨＰ研究所の
吉村健太郎さんに感謝します。
吉村さんとは、これが初めての作品となりましたが、
編集者と著者のプロフェッショナルとして、
互いに成長し、進化することのできた
意義深い作品づくりになりました。

そして、ソフィアバンクのパートナー、
藤沢久美さんに感謝します。
二一世紀の新たなシンクタンクの姿を求め、
藤沢さんと続けてきたラジオ番組、
「風の対話」も、六年目を迎えました。

また、いつも温かく執筆を見守ってくれる家族、須美子、誓野、友に感謝します。

森の木々には、もう、春の気配が近づいているのに、目の前に仰ぎ見る富士は、まだ、白い雪を抱き、青い空を背に、凛として聳えています。

最後に、すでに他界した父母に、本書を捧げます。
職業人としての歩みを通じ、生涯、求めるべき人間としての成長。
その尊さを、教えていただきました。

二〇〇七年三月一五日

田坂広志

# プロフェッショナルとしての進化をめざす読者のために
## ―自著を通じてのガイド―

『これから何が起こるのか』（PHP研究所）

「プロフェッショナルの進化」を加速する「ウェブ2・0革命」。この革命は、これから、市場と社会、ビジネスと商品、企業とマネジメントを進化させ、資本主義のすべてを変えていく。そして、その結果、いま我々が「常識」と思っていることが覆り、世の中に数々の「新たな常識」が生まれてくる。

本書では、そのビジョンを、これから世の中で起こる「七五の変化」として語った。「未来の変化」を知りたい読者、「未来を語る」スタイルを学びたい読者のための一冊。

『これから知識社会で何が起こるのか』（東洋経済新報社）

「知識社会」とは、「知識」が価値を持つ社会ではなく、「知識」が価値を失っていく社会である。その逆説を理解するとき、これから到来する知識社会において、活躍する人材とは何か、成長する企業とは何か、到来する市場とは何か、成功する事業とは何か、様々なことが見えてくる。

本書では、そのことを、六六の「次なる常識」(Next Common Sense)として語った。「知識社会」の未来を知りたい読者のための一冊。

## 『知的プロフェッショナルへの戦略』(講談社)

知識社会においては、「専門的な知識」を身につけただけの「ナレッジ・ワーカー」は、「求められる人材」にはなれても、「活躍する人材」にはなれない。知識社会において活躍するのは、「専門的な知識」だけでなく、「職業的な智恵」を身につけた「知的プロフェッショナル」と呼ばれる人材である。

では、いかにすれば、その「職業的な智恵」を身につけ、「知的プロフェッショナル」

へと成長していくことができるのか。本書では、その成長の戦略と心得について語った。

「プロフェッショナル」への第一歩を踏み出したい読者のための一冊。

## 『使える弁証法』（東洋経済新報社）

「ネット革命」や「ウェブ2・0革命」が進むと、不思議なことに、世の中に、古く懐かしいものが復活してくる。例えば、オークション（競り）や逆オークション（指値）、コンシェルジュ（御用聞き）やEラーニング（寺子屋）、さらには、リサイクル経済（資源節約）やボランタリー経済（贈与経済）など、古く懐かしいものが、便利になって復活してくる。それは、なぜか。

そのことを知りたい方は、ドイツの哲学者、ゲオルク・ヘーゲルの「弁証法」を学ばれるとよい。特に「事物の螺旋的発展の法則」や「対立物の相互浸透の法則」などは、これからの時代を「予見」するために、極めて有効な洞察を与えてくれる。

本書では、このヘーゲルの弁証法の「五つの法則」を、分かりやすく語った。

「本質を洞察する力」と「未来を予見する力」を身につけたい読者のための一冊。

## 『複雑系の経営』（東洋経済新報社）／『複雑系の知』（講談社）

「ネット革命」や「ウェブ2・0革命」が進むと、もう一つ、不思議なことが起こる。企業や市場や社会が、「生命的なシステム」としての性質を強めていき、自己組織化や創発、進化や相互進化、生態系の形成などの生命的な挙動を示すようになっていく。

その理由を知りたい方は、「複雑系」(complex systems) の研究を学ばれるとよい。なぜなら、「ネット革命」と「ウェブ2・0革命」の本質は、企業や市場や社会の内部での「相互連関性」を強め、その「複雑系」としての性質、すなわち、「生命的システム」としての性質を強めていくことだからである。

では、企業や市場や社会が「複雑系」としての性質を強めていくと、何が起こるのか。それに対して、我々は、どう処していけばよいのか。

この二つの書では、そのことを、「複雑系の七つの問題」「複雑系の経営　七つの発想転換」「複雑系の七つの知」として語った。

「未来を予見する力」を身につけたい読者のための二冊。

〈主要著書〉

**仕事と人生を語る**

『仕事の思想』（書籍／文庫：ＰＨＰ研究所）
『なぜ、働くのか』（ＰＨＰ研究所）
『仕事の報酬とは何か』（ＰＨＰ研究所）
『人生の成功とは何か』（ＰＨＰ研究所）
『これから働き方はどう変わるのか』（ダイヤモンド社）
『なぜ、時間を生かせないのか』（ＰＨＰ研究所）
『未来を拓く君たちへ』（くもん出版）
『若きサムライたちへ』（ＰＨＰ研究所）
『知的プロフェッショナルへの戦略』（講談社）

**思想と哲学を語る**

『深き思索　静かな気づき』（ＰＨＰ研究所）
『自分であり続けるために』（ＰＨＰ研究所）
『生命論パラダイムの時代』（ダイヤモンド社）
『複雑系の知』（講談社）
『ガイアの思想』（生産性出版）
『こころの生態系』（講談社）
『こころのマネジメント』（東洋経済新報社）
『使える弁証法』（東洋経済新報社）

**社会と市場を語る**

『この国を良くするために、今やるべきこと』（ダイヤモンド社）
『これから何が起こるのか』（ＰＨＰ研究所）
『これから知識社会で何が起こるのか』（東洋経済新報社）
『これから日本市場で何が起こるのか』（東洋経済新報社）
『これから市場戦略はどう変わるのか』（ダイヤモンド社）
『まず、戦略思考を変えよ』（ダイヤモンド社）

**企業と経営を語る**

『複雑系の経営』（東洋経済新報社）
『暗黙知の経営』（徳間書店）
『なぜマネジメントが壁に突き当たるのか』（東洋経済新報社）
『経営者が語るべき「言霊」とは何か』（東洋経済新報社）
『意思決定　12の心得』（書籍：生産性出版／文庫：ＰＨＰ研究所）
『企画力』（ダイヤモンド社）
『営業力』（ダイヤモンド社）
『なぜ日本企業では情報共有が進まないのか』（東洋経済新報社）

著者へのご意見やご感想は、下記の個人アドレスにお送りください。
メールアドレス　tasaka@hiroshitasaka.jp

著者のメッセージ・メール「風の便り」の送付を希望される方は、
下記のアドレスから、「未来からの風フォーラム」にご参加ください。
サイトアドレス　http://www.hiroshitasaka.jp

著者の講演や講義をお聴きになりたい方は、下記のアドレスから、
「ソフィアバンク・ラジオ・ステーション」をお聴きください。
サイトアドレス　http://www.sophiabank.co.jp

PHP
Business Shinsho

田坂 広志（たさか・ひろし）

1951年生まれ。1974年、東京大学工学部卒業。1981年、東京大学大学院修了。工学博士。同年、民間企業入社。1987年、米国シンクタンク・バテル記念研究所客員研究員。

1990年、日本総合研究所の設立に参画。民間主導による新産業創造をめざす「産業インキュベーション」のビジョンと戦略を掲げ、10年間に異業種企業702社とともに20のコンソーシアムを設立・運営。異業種連合の手法により数々のベンチャー企業と新事業を育成する。事業企画部長、取締役・創発戦略センター所長を歴任。現在、日本総合研究所フェロー。

2000年4月、多摩大学教授に就任。現在、多摩大学大学院教授。2000年6月、シンクタンク・ソフィアバンクを設立。代表に就任。

2003年7月、「社会起業家フォーラム」を設立。代表に就任。現在、全国から8000名の社会起業家が集まり、様々な分野での社会変革に取り組んでいる。

また、現在、情報、金融、流通、環境、教育など、様々な分野の企業の社外役員や顧問を務める。

PHPビジネス新書 029

プロフェッショナル進化論
「個人シンクタンク」の時代が始まる

2007年5月2日　第1版第1刷発行

著　者　田坂広志
発行者　江口克彦
発行所　PHP研究所
東京本部　〒102-8331　千代田区三番町3番地10
ビジネス出版部　☎03-3239-6257（編集）
普及一部　☎03-3239-6233（販売）
京都本部　〒601-8411　京都市南区西九条北ノ内町11
PHP INTERFACE　http://www.php.co.jp/
装　幀　齋藤稔
組　版　朝日メディアインターナショナル株式会社
印刷所
製本所　共同印刷株式会社


ISBN978-4-569-69038-4

## 「ＰＨＰビジネス新書」発刊にあたって

わからないことがあったら「インターネット」で何でも一発で調べられる時代。本という形でビジネスの知識を提供することに何の意味があるのか……その一つの答えとして「**血の通った実務書**」というコンセプトを提案させていただくのが本シリーズです。

経営知識やスキルといった、誰が語っても同じに思えるものでも、ビジネス界の第一線で活躍する人の語る言葉には、独特の迫力があります。そんな、「**現場を知る人が本音で語る**」知識を、ビジネスのあらゆる分野においてご提供していきたいと思っております。

本シリーズのシンボルマークは、理屈よりも実用性を重んじた古代ローマ人のイメージです。彼らが残した知識のように、本書の内容が永きにわたって皆様のビジネスのお役に立ち続けることを願っております。

二〇〇六年四月

ＰＨＰ研究所